ALFRED J. NOLL

EWIGER FRIEDE ODER EWIGER KRIEG?

WIDER DIE «UNVERTRAGSAME SELBSTSUCHT DER MENSCHEN» REFLEXIONEN ZU IMMANUEL KANT

BAHOE BOOKS

Alfred J. Noll
Ewiger Friede oder ewiger Krieg.
Wider die «unvertragsame Selbstsucht der Menschen»
Reflexionen zu Immanuel Kant

Reflexionen zu Immanuel Kant

Erste Ausgabe

ISBN 978-3-903478-23-7

Umschlag: «Die Ausgrabungen der Gebeine Kants»,
Holzstich von Johannes Heydeck

Gedruckt mit freundlicher
Unterstützung der Kulturabteilung
der Stadt Wien

bahoe books
Fischerstiege 4-8/2/3
A-1010 Wien

bahoebooks.net

INHALT

VORBEMERKUNG

Die Wortwendung im Untertitel entstammt der *Kritik der Urteilskraft,* die *Kant* im Jahre 1790 erscheinen ließ. Der Königsberger Philosoph diskutierte an dieser Stelle die Frage, wie denn umzugehen sei mit der Tatsache, dass die Menschen unentwegt ihren Neigungen und Leidenschaften folgen. Es sei dies eine außerordentliche Misslichkeit. Indes gibt er uns sogleich eine optimistische Auskunft, denn überaus gewiss sei doch das Folgende:

> «Das Übergewicht der Übel, welche die Verfeinerung des Geschmacks bis zur Idealisierung desselben, *und* selbst der Luxus in Wissenschaften, als einer Nahrung für die Eitelkeit, durch die unzubefriedigende Menge der dadurch erzeugten Neigungen über uns ausschüttet, ist nicht zu bestreiten: dagegen aber der Zweck der Natur auch nicht zu verkennen, der Rohigkeit und dem Ungestüm derjenigen Neigungen, welche mehr der Tierheit in uns *angehören* und der Ausbildung zu unserer höheren Bestimmung am meisten entgegen sind (*der Neigungen* des Genusses), immer mehr abzugewinnen und der Entwicklung der Menschheit Platz zu machen. Schöne Kunst und Wissenschaften, die durch eine Lust, die sich allgemein mitteilen läßt, und durch *Geschliffenheit* und

> Verfeinerung für die Gesellschaft, wenn gleich den Menschen nicht sittlich besser, doch gesittet machen, gewinnen der Tyrannei des Sinnenhanges sehr viel ab, und bereiten dadurch den Menschen zu einer Herrschaft vor, in *welcher* die Vernunft allein Gewalt haben soll: indes die *Übel,* womit uns teils die Natur, teils die unvertragsame Selbstsucht der Menschen heimsucht, zugleich die Kräfte der Seele aufbieten, steigern und stählen, um jenen nicht unterzuliegen, und uns so eine Tauglichkeit zu höheren Zwecken, die in uns verborgen liegt, fühlen lassen.»[1]

Ob wir uns der damit zum Ausdruck gebrachten Zuversicht auch heute noch anzuschließen vermögen, das darf zunächst und bis auf weiteres dahingestellt bleiben. Historische Tatsache bleibt jedenfalls: «Nahezu überall, wo *Kants* Philosophie wirkte, galt sie als der große Promoter der politischen Befreiung und der religiösen Aufklärung»[2], meinte *Dieter Henrich* (1927–2022). Daran ist nicht zu deuteln. Zum 300. Geburtstag von *Immanuel Kant* am 22. April 2024 mag es deshalb durchaus ange-

1 *Immanuel Kant,* Kritik der Urteilskraft (1790), in: Werke in sechs Bänden, hrsg. v. W. Weischedl, Bd. V, Darmstadt 2011, 237-620, hier 556.

2 *Dieter Henrich,* Grundlegung aus dem Ich. Untersuchungen zur Vorgeschichte des Idealismus. Tübingen – Jena 1790–1794, Ffm. 2004, 1718.

messen sein, neuerlich einen Blick auf einen Teil seines Werkes zu werfen; dies freilich nicht mit der Haltung, vor dem kleinen Mann aus Königsberg 220 Jahre nach seinem Tod stramm zu stehen und ihn zu ehren (eine eher peinliche Angelegenheit), sondern durchaus mit der Absicht, die Richtigkeit der von *Dieter Henrich* aufgestellten Behauptung zu prüfen:

> «Auch für uns, und vermutlich für alle Zukunft, ist ein Anschluß an Kant unabdingbare Voraussetzung dafür, daß unter verwandelten Bedingungen eine Befreiungserfahrung derselben Mächtigkeit gewonnen werden könnte.»[3]

Wollen wir für die philosophische Hinterlassenschaft von *Kant* etwas tun, dann kann dies nicht heißen zu erwarten, wir könnten bei ihm die Lösung der Welträtsel abrufen; vielmehr heißt es, den Wahrheitsgehalt seiner Provokationen in unsere eigene Gedankenwelt einzuschleusen. *Kant* hat dem (zugegeben: spärlichen) Fortschrittsprozess der Menschheit Einsichten beigesteuert, die zwar kein «Zurück zu Kant!» rechtfertigen, wohl aber die Warnung: «Kein zurück hinter Kant!»

3 *Henrich,* Grundlegung, a.a.O., 1719.

Es versteht sich, dass die Friedensfrage gegenwärtig von erhöhter Aktualität ist: Der Angriffskrieg Russlands gegen die Ukraine am 24. Februar 2022 und der seither stattfindende Krieg unter (nur mühsam kaschierter) internationaler Beteiligung sowie der verheerende Terrorangriff der palästinensischen Hamas am 7. Oktober 2023 gegen israelische Zivilisten und die seither stattfindende Vergeltung durch die israelische Armee rücken das Thema «Krieg und Frieden» wieder verstärkt ins öffentliche Interesse – wobei wir nicht vergessen dürfen: Kriegerische Auseinandersetzungen sehen wir im Jemen seit 2015 (unter Beteiligung von Saudi-Arabien, den USA, Frankreich und dem Vereinigten Königreich), in Äthiopien seit 2020, seit Mitte April 2023 tobt im Sudan ein gewalttätiger Bürgerkrieg und es finden gegenwärtig viele andere Kriege und bewaffnete Konflikte statt. *Michael Mann* hat in seiner epochalen Studie *On Wars* (2023) zusammengefasst:

> «Viele arme Länder werden [...] nach wie vor von Kriegen heimgesucht, insbesondere von Bürgerkriegen, die kaum abnehmen. Reiche Länder tragen mit Waffenverkäufen, Stellvertreterkriegen und Bombardierungen nach wie vor in wenig hilfreicher Weise zu diesen Kriegen bei. Dass diese weit entfernt eingesetzt werden, verschleiert den Militarismus und scheint dem liberalen Optimismus mehr Unterstüt-

> zung zu geben, als er verdient. Die reichen Länder haben den Militarismus weit weg von der Aufmerksamkeitsspanne und dem Wohlergehen ihrer Bürger exportiert. Der Terrorismus in ihren Hinterhöfen, der zum Teil durch ihre eigene Aggression verursacht wurde, hätte sie innehalten lassen müssen, aber stattdessen eskalierte ein emotionaler ‹Krieg gegen den Terror›. Irrationalität regiert. (Wer) behauptet, dass in der Zeit nach der Aufklärung ‹der Krieg bis zur Absurdität unverständlich geworden ist›, (hat Unrecht). Ein Großteil der Welt weiß nur zu gut um seine Absurdität – und wir sind zum Teil dafür verantwortlich.»[4]

Am Ende seines Vorworts zu einer italienischen Ausgabe des 1795 erschienenen Traktats *Zum ewigen Frieden* von *Kant,* mit dem wir uns nachfolgend ausführlich beschäftigen werden, hat *Norberto Bobbio* (1909–2004) geschrieben:

> «Kant hatte ein optimistisches Geschichtsbild, ein Bild, das wir heute nicht mehr haben. Der ‹große Friedhof der Menschheit› ist vielleicht näher, als er es sich vorgestellt hat. Aber seine Gedanken gehören nach wie vor zu den kühnsten und aufschlussreichsten, die je

4 *Michael Mann,* On Wars, New Haven/London 2023, 310.

zu dem großen Thema erdacht wurden, und sie bilden nach wie vor eine Diskussionsgrundlage und eine sichere Orientierung für jeden, der davon überzeugt ist, dass das Problem der Abschaffung des Krieges zum entscheidenden Problem unserer Zeit geworden ist.»[5]

Die nachstehenden Seiten gehen der Frage nach, ob wir tatsächlich durch *Kant* auch heute noch eine «sichere Orientierung» erhalten können. Dazu werden wir in einem ersten Teil *Kants* Transzendental-Philosophie in ganz groben Strichen skizzieren; es ist nämlich die kritische Philosophie des Königsberger Philosophen, auf der auch der *Ewige Frieden* aufbaut («Die Trennung von Natur und Geist»). Sodann lassen wir in einem zweiten Teil den konkreten Inhalt des kleinen Traktats Revue passieren; wir erinnern damit an einen Text, der heute nur noch in Sonntagsreden Erwähnung findet («Kants Ewiger Friede»). Und schließlich geben wir im letzten Abschnitt versuchsweise Antwort auf die eben gestellte Frage: Kann uns *Zum ewigen Frieden* auch heute noch «sichere Orientierung» im Kampf um den Frieden geben?

5 *Norberto Bobbio,* Prefazione, in: I. Kant, Per la pace perpetua, a cura di N. Merker, Roma 2003, 27 f.

1. DIE TRENNUNG VON NATUR UND GEIST

Welche Leute prägten die intellektuelle Landschaft Deutschlands in der zweiten Hälfte des 18. Jahrhunderts? Da war etwa jemand wie der durch ein christliches Erweckungserlebnis geprägte *Johann Georg Hamann* (1730–1788), ebenfalls in Königsberg geboren, kulturell und auch politisch ein glühender Gegner der Aufklärung, von tiefen fideistisch-religiösen Überzeugungen beseelt, der letztlich nur das für wichtig hielt, was über die menschliche Vernunft hinausging: «Eben das *Göttliche,* was die Wunder der Natur, und die Originalwerke der Kunst zu Zeichen macht, unterscheidet die Sitten und Thaten berufener Heiligen […] *Unser Leben, heißt es, ist verborgen mit Christo in Gott. Wenn aber Christus, – unser Leben, – sich offenbaren wird, dann werden wir auch offenbar werden mit Ihm in der Herrlichkeit*», heißt es in seinen *Sibyllinischen Blättern*[6]; da war z. B. jemand wie *Friedrich Heinrich Jacobi* (1744–1819), der in der Erkenntnistheorie und Moral die absolute Gültigkeit des unmittelbaren subjektiven Gefühls bekräftigte, weil es durch die göttliche kreationistische Struktur der Welt garantiert sein würde: «Das

6 *Johann Georg Hamann,* Sibyllinische Blätter des Magus in Norden. Nebst mehreren Beilagen hrsg. v. F. Cramer, Leipzig 1819, 123 [Nr. 67].

Wahreste kann nur so wahr seyn *als Gott lebet,* nur so wahr als daß *ein Gott im Himmel,* das heißt, selbständig außer der Natur und über ihr vorhanden ist; ihr freyer Urheber, ihr allweiser und allgütiger Beherrscher; ein Vater aller Wesen, mit Vater-*Sinn* und Vater-*Herz*», heißt es in seinem Traktat *Von den Göttlichen Dingen und ihrer Offenbarung*[7] recht bestimmt; und da war auch jemand wie der Schweizer *Johann Caspar Lavater* (1741–1801), der unter seinen Zeitgenossen für ein großes Physiognomieprojekt oder den empirisch-beobachtenden Versuch berühmt war, aus der Physiognomie auf Charaktereigenschaften zu schließen, und nicht minder dafür bekannt war für die sorgfältige und äußerst fantasievolle Beschreibung der Welt des Jenseits; auch für ihn war es unzweifelhaft: «Es giebt keine andere wahre, grosse und vollkommene Einheit, als *Gott. Alle Wesen,* nach *seinem Bilde* geschaffen, sind auch *Einheiten,* aber *unvollkommene* Einheiten; Unvollkommen nämlich, in so fern als sie nur *in Gott* existieren können, von dem ihre Existenz ganz und gar abhängt [...] Jede ist ein kleines besonderes Ganze, das einzig und allein mit Gott existiren kann», heißt es in den *Philosophischen Unterhaltungen*[8].

7 *Friedrich Heinrich Jacobi,* Von den Göttlichen Dingen und ihrer Offenbarung, Leipzig 1811, 4.

8 *Johann Caspar Lavater,* Philosophische Unterhaltungen, Zürich 1791, 46.

Entschiedene kritische Analysen des Zusammenhangs von Vernunft und Erfahrung, die schon *Christian Wolff* (1679–1754) zeitweise spürte und die durch die ungestüme Entwicklung der mathematisch-physikalischen Naturwissenschaften erzwungen wurden, konnten nicht von der Seite der Irrationalisten kommen. Natürlich war auch einem *Lavater* völlig klar, dass die eine Wirklichkeit – damit meinte er nichts anderes als «was beständig und allgemein allen, oder vielmehr den meisten Menschen gleichförmig erscheint» – für verschiedene Leute jeweils eine ganz andere ist: «Diese Wirklichkeit verhält sich aber immer nach unsern Organen, und ist in sich selbst keine absolute Wirklichkeit, sondern bloß nur Erscheinung»[9]; was aber sollte die Philosophie mit dieser Ungewissheit beginnen? «Wir sehen die Welt als das an, was sie uns durch die Sinne scheint, und die Welt ist doch dieses nicht, was sie scheint; das was wir Wirklichkeit nennen, ist nur relative unserer Sinne wirklich, nicht absolute»[10], stellte *Lavater* fest. Ja, gewiss. Aber durfte es die Philosophie dabei belassen? Die ganze Problematik dieses Zusammenhangs lag letztlich außerhalb des Horizonts der beispielhaft Genannten.

9 *Lavater,* Philosophische Unterhaltungen, a.a.O., 323.

10 *Lavater,* Philosophische Unterhaltungen, a.a.O., 325.

Aber auch die sogenannten «Volksphilosophen» brachten die Sache nicht recht voran: Gewiss hatte schon ein *Johann Jakob Engel* (1741–1802) bemerkt: «Sind wir [...] der Wahrheit der Begriffe nicht gewiß, so sind wirs auch der Wahrheit der darauf gebauten Urtheile und Vernunftschlüsse nicht»[11]; und ebenso wenig konnte ein Fortschritt auf einen «philosophischen Arzt» wie *Ernst Platner* (1744–1818) bauen; eine Entwicklungsmöglichkeit bot allenfalls *Johann Nicolaus Tetens* (1736–1807), der mit seiner zweibändigen *Philosophische Versuche über die menschliche Natur und ihre Entwicklung* (1777) dann doch die weitere Perspektive vorzeichnete, indem er sich (erstmals in Deutschland!) einerseits an *John Locke* (1632–1704) und *David Hume* (1711–1776) anlehnte, gleichwohl aber die Einflüsse des Empirismus mit den wolffianischen und leibnizianischen Lehren seiner Ausbildung zu vermitteln suchte. *Tetens* ist derjenige, der infolge seiner empirischen Orientierung («Beobachten und Vergleichen») die Probleme aufs Genaueste benennt, wenn er über die Schwierigkeiten der empirischen Forschungsmethode schreibt:

11 *Johann Jakob Engel,* Versuch einer Methode, die Vernunftlehre aus Platonischen Dialogen zu entwickeln, Berlin 1780, 43.

«Das meiste bey ihr beruhet auf einer richtigen Beobachtung der einzelnen Wirkungen, auf ihrer Zergliederung, und dann besonders auf ihrer Vergleichung, wodurch einzelne Sätze zu Allgemeinsätzen der Erfahrung erhoben werden. [...] Das Schlimmste ist, daß man sich am meisten vor der Seelenkraft in Acht zu nehmen hat, die sonsten die besten Dienste thun kann, und auch wirklich tun muß, wenn der Blick in uns selbst etwas einbringen soll. Es ist die Phantasie, und nochnäher die selbstthätige Dichtkraft, deren Eingebungen nur zu leicht mit Beobachtungen verwechselt werden. Indem der Verstand das wirklich Vorhandene oder Gefühlte gewahrnimmt, bemerket, und nachher eins mit dem andern vergleichet, so wirket die selbstthätige Phantasie zur Seite, löset Bilder auf, und vermischt wie wieder, und webet fremde Ideen hinein, die in der Empfindung nicht enthalten waren. Alsdenn entstehet eine Vorstellung in uns, die eine getreue Abbildung des Wirklichen, oft ein Gemeinbegriff aus mehrern einzelnen Empfindungen zu seyn scheinet, und die wir geneigt sind, dafür anzunehmen, weil sie ein Kind unsers Witzes ist. Je lebhafter die Phantasie ist, desto häufiger sind solche Meteoren, und dennoch siehet man auch ohne eine starke Phantasie nichts. Hier muss sich nun der wahre Beobachtungsgeist zeigen, und jene starke Phantasie auf die Darstellung des Wirklichen einzuschränken wissen. Es ist schwer, sich in Hinsicht dieser Suggestionen der Dichtkraft allemal so zu benehmen, wie man soll. Sie können scharfe Bemerkungen eines Genies seyn, die richtig sind, aber eben so wohl auch nur Irrwische, die uns mißleiten. Ein Begriff von einer wirklichen Sache, den der Verstand aus Empfindungen bildet, seinen nothwendigen Denkgesetzen gemäß, ist etwas anders als eine Idee der Dichtkraft, die nur durch Empfindungen veranlasset wird, und nur nebenher während des Gefühl entstehet. Imgleichen ist eine Folgerung unserer Vernunft aus der Empfindung etwas anders, als eine Idee, die von der Phantasie der Empfindung als eine Folge von ihr zugesetzt wird.»[12]

Damit wurde das Problem auf sowohl treffende wie auch wunderschöne Weise benannt – seine Lösung aber letztlich der persönlichen Geschicklichkeit des Forschenden überantwortet.

Insgesamt blieb es also dabei: Auch diejenigen, die in den letzten dreißig Jahren des 18. Jahrhunderts ihre Theorien auf empiristische Erfahrung stützten, kamen hier nicht weiter – *Sinnlichkeit* (also die Wahrnehmung

12 *Johann Nicolaus Tetens,* Philosophische Versuche über die menschliche Natur und ihre Entwicklung, Leipzig 1777, Bd. 1, XVI-XVIII.

der tatsächlichen Mannigfaltigkeit der materiellen Welt) und *Vernunft* (in Form von nicht beliebiger Begrifflichkeit) verblieben in einem ungeklärten Verhältnis zueinander oder gar geschieden. Es war erst der an der Universität Königsberg lehrende *Immanuel Kant*, der die Analyse dieses Zusammenhangs mit bis heute anhaltender Wirkung vorantrieb, der damit zum größten Philosophen des 18. Jahrhunderts wurde und dessen 300. Geburtstag wir heuer feiern.

Einige ganz grobe Striche zum Werk von *Kant* müssen hier einleitend genügen. Als ein echtes Kind der Aufklärung war *Kant* jeder erstarrten, dogmatisierenden Scholastik bitter feind und vertraute auf die siegreiche Kraft der Vernunft – und zwar einer gesunden persönlichen Vernunft, wie er sie in sich wusste und wirken ließ: Keine Autorität anerkennend, die nicht imstande war, sich vor ihr zu rechtfertigen. *Kant* wollte die Vernunft nicht ins Wolkenkuckucksheim versetzen; vielmehr sollte sie sich in erster Linie auf dem fruchtbaren Grund der Erfahrung bewegen und sicheres irdisches Wissen einbringen. Dennoch sollte der Glaube an Gott irgendwie gewahrt bleiben, geradezu atheistisch war das nicht gemeint.

Eine wichtige Reihe jugendlicher Schriften – darunter die *Naturgeschichte der Natur und Theorie des Himmels* (1755) mit einem modernen evolutionär-materialistischen Ansatz, bei dem der kreationistische Faktor bei der Entstehung des Sonnensystems ausgeschlossen wurde – führten *Kant* dazu sich zu fragen, ob es denn nicht möglich sei, aus den Verfahren der Mathematik und der Naturwissenschaften eine allgemeine Erkenntnistheorie abzuleiten, die wissenschaftlichen Anforderungen entsprechen würde; und es stellte sich weiters die Frage für ihn, ob denn die Praxis der Wissenschaften die Definition der Metaphysik als «Wissenschaft» schon ausreichend legitimiere.

Kants Antworten darauf – zunächst in der *Kritik der reinen Vernunft* (1781) und dann in den kürzer gefassten *Prolegomena* (1783) – erfolgten im Rahmen seiner «Transzendental-Philosophie», und diese – nicht weniger zielte *Kant* an! – «ist *die* Idee *einer Wissenschaft,* wozu die Kritik der reinen Vernunft den ganzen Plan architektonisch, d. i. aus Prinzipien, entwerfen soll, mit völliger Gewährleistung der Vollständigkeit und Sicherheit aller Stücke, die dieses Gebäude *ausmachen. Sie ist das System aller Prinzipien der reinen Vernunft*»[13]; es ging *Kant* also um eine *«Kritik [...] des Vernunftvermögens überhaupt»*[14]. Daraus ergibt sich für *Kant* der Gehalt der «Vernunft»: deren Reinheitsbildung liegt vor der Ge-

13 *Immanuel Kant,* Kritik der reinen Vernunft (1781), in: Werke in sechs Bänden, hrsg. v. W. Weischedl, Bd. II, Darmstadt 2011, 64. – Wobei zu beachten ist: «Vernunft (ist) das Vermögen, welches die Prinzipien der Erkenntnis a priori an die Hand gibt» (ebd., 62).

14 *Kant,* Kritik der reinen Vernunft, a.a.O., 13.

brauchsanwendung, denn es ist – wie es am Schluss der *Einleitung* zur *Kritik der reinen Vernunft* heißt – «(d)as vornehmste Augenmerk bei der Einteilung einer solchen Wissenschaft: daß gar keine Begriffe hineinkommen müssen, die irgend etwas Empirisches in sich enthalten; oder daß die Erkenntnis a priori völlig rein sei»[15]. Dieser Reinheitsbegriff beinhaltet kein Werturteil, «(e)r ist im Selbstbezug analytischer Natur *und* besitzt klassifikatorische Funktion, also synthetisierende Kraft im empirischen Gebrauch», wie mein Lehrer *Wilhelm Raimund Beyer* (1902–1990) einmal notierte.[16]

Aus den Ergebnissen dieser Untersuchung sollten dann unter anderem die Antworten auf drei von *Kant* zusammengefasste lebenswichtige Fragen in Hinsicht auf den Menschen resultieren:

«Alles Interesse der Vernunft (das spekulative sowohl als das praktische) vereinigt sich in folgenden drei Fragen:

1. *Was kann ich wissen?*
2. *Was soll ich tun?*
3. *Was darf ich hoffen?*»[17]

15 *Kant,* Kritik der reinen Vernunft, a.a.O., 65.

16 *Wilhelm Raimund Beyer,* Der Reinheitsbegriff bei Kant, in: M. Buhr/T. I. Oiserman (Hrsg.), Revolution der Denkart oder Denkart der Revolution. Beiträge zur Philosophie Immanuel Kants, Berlin 1976, 135-161, hier 147.

17 *Kant,* Kritik der reinen Vernunft, a.a.O., 677.

Gegen den Rationalismus von *Gottfried Wilhelm Leibniz* (1646–1716) und *Wolff* formulierte *Kant* eine *Theorie der wechselseitigen Funktionalität* von Sinnlichkeit und Verstand, indem er *einerseits* die Rechte der Sinneswahrnehmung (der sinnlichen Erfahrung) geltend machte, aber andererseits gegen den Empirismus von *Locke* und *Hume* mobil machte, indem er auf die unverzichtbare Universalität und Notwendigkeit von Urteilen pochte. Daraus entwickelte sich sodann die berühmt gewordene Sentenz von *Kant:*

> «Ohne Sinnlichkeit würde uns kein Gegenstand gegeben, und ohne Verstand keiner gedacht werden. Gedanken ohne Inhalte sind leer, Anschauungen ohne Begriffe sind blind. Daher ist es eben so notwendig, seine Begriffe sinnlich zu machen (d. i. ihnen den Gegenstand in der Anschauung beizufügen), als, seine Anschauungen sich verständlich zu machen (d. i. sie unter Begriffe zu bringen) [...] Der Verstand vermag nichts anzuschauen, und die Sinne nichts zu denken. Nur daraus, daß sie sich vereinigen, kann Erkenntnis entspringen.»[18]

Dieser wechselseitigen Funktionalität entspricht als technisches Instrument das «synthetische Urteile a priori», also

18 *Kant,* Kritik der reinen Vernunft, a.a.O., 98.

ein Urteil, bei dem das Prädikat nicht nur neue Erkenntniselemente mit sich bringt, sondern ihm auch das Siegel einer notwendigen und universellen Gültigkeit aufgeprägt wird; den «synthetischen Urteilen a posteriori» hingegen fehlt der Wert der Universalität dessen, was durch das Prädikat ausgedrückt wird; und in den «analytischen Urteilen a priori» fügt das Prädikat dem Subjekt überhaupt nichts hinzu, sondern veranschaulicht lediglich dessen Inhalt besser.[19]

Kant weist darauf hin, dass wir zu Erkenntnis nur gelangen, unser Wissen nur dann aufbauen könnten, wenn wir innerhalb der Art von Erfahrung forschen und suchen, die einzig uns zur Verfügung steht. Tatsächlich hängt nämlich die Erkenntnisgewinnung von einer unkalkulierbaren Bedingung ab, davon nämlich, dass die Dinge dem Menschen als «Phänomene» erscheinen und bewusst werden, also als bloße Erscheinungsformen der Dinge, deren

19 Zur Erinnerung: «In allen Urteilen, worinnen das Verhältnis eines Subjekts zum Prädikat gedacht wird [...], ist dieses Verhältnis auf zweierlei Arten möglich. Entweder das Prädikat B gehört zum Subjekt A als etwas, was in diesem Begriffe A (versteckter Weise) enthalten ist; oder B liegt ganz außer dem Begriff A, ob zwar es mit demselben in Verknüpfung steht. Im ersten Fall nenne ich das Urteil *analytisch,* in dem andern *synthetisch.* Analytische Urteile (die bejahende) sind also diejenige, in welchen die Verknüpfung des Prädikats mit dem Subjekt durch Identität, diejenige aber, in denen diese Verknüpfung ohne Identität gedacht wird, sollen synthetische Urteile heißen», erläutert *Kant,* Kritik der reinen Vernunft, a.a.O., 52, in der Einleitung.

sog. «Wesen» (ihr Sein als «Dinge an sich») uns aber nicht zugänglich ist. Die Antwort *Kants* auf dieses Realproblem einer jeglichen Erkenntnisgewinnung besteht darin, die uns allen inhärenten «Formen a priori», also unsere operativen Fähigkeiten, die das «Ich» oder das menschliche Objekt möglicherweise schon vor der situativ-konkreten Erfahrung besitzt, die aber erst im Kontakt mit dieser Erfahrung aktiviert werden, als Werkzeuge des Wissens zu definieren. *Kant* nannte die ganze Sache «transzendental», was nichts anderes bedeutet, als dass es sich dabei um Strukturen des «Ich» handelt, die unsere menschliche Art bestimmen, um das Wirkliche (und als solches also in gewissem Sinne das «Transzendierende») erkennen zu können; um aber gültiges Wissen hervorzubringen, müssten sich diese Werkzeuge stets im Rahmen möglicher Erfahrung bewegen, ein Rahmen, den sie andererseits aber auch niemals «überschreiten» könnten. Und es ist dann die Betonung des «Ich» als Zentrum des Erkenntnisuniversums die sogenannte «Kopernikanische Wende», die *Kant* in die Philosophie einführte.

Im erkenntnistheoretischen Bereich sind die «Formen a priori» einerseits die reinen Anschauungen von Raum und Zeit, die im Bereich der sinnlichen Erfahrung wirken[20], andererseits aber auch andere Kategorien, mit denen der

20 Sie werden von *Kant,* Kritik der reinen Vernunft, a.a.O., 69-96 im Abschnitt «Die transzendentale Ästhetik» behandelt.

Verstand arbeitet. Der Abschnitt «Transzendentale Analytik» der *Kritik* erklärt sehr genau und auch weitwendig, wie das durch Anschauung bereitgestellte empirische Material vom Verstand nach zwölf seiner verallgemeinernden «Funktionen» oder Kategorien (unterteilt in die Gruppen Quantität, Qualität, Beziehung und Modalität), die dazu dienen, sich ein Urteil zu bilden, organisiert wird bzw. zur Anwendung gelangt.[21]

Da es in Hinsicht auf bestimmte Ideen *keine sinnliche Erfahrung* gibt bzw. geben kann (so beispielsweise für die Seele, für den Kosmos, für Gott etc.), so müsse sich die Metaphysik mit diesen Ideen auch nicht weiter befassen; in Hinsicht auf diese Ideen handle es sich ja nicht um Wissenschaft, sondern um reine Denkeinheiten, um sog. «Noumena»: «Was [...] von uns *Noumenon* genannt wird, muß als solches nur in *negativer* Bedeutung verstanden werden»[22]; oder anders: Was bei diesen Ideen als vermeintlich kognitive Kriterien aufgefasst werde, das würde dazu führen, dass der Geist auf unheilbare

21 *Kant,* Kritik der reinen Vernunft, a.a.O., 107-307.

22 *Kant,* Kritik der reinen Vernunft, a.a.O., 278. *Kant* macht einen Unterschied zwischen den Erscheinungen der Dinge und den Dingen an sich. Von den Dingen könnten wir nur insoweit etwas wissen, als sie sich uns durch Erscheinung kundgeben, und da die Dinge also nicht, wie sie an und für sich selbst sind, sich uns zeigen, so nennt *Kant* die Dinge, insofern sie erscheinen, *Phaenomena,* und die Dinge an und für sich *Noumena.* Von den Ersteren könnten wir etwas wissen, von Letzteren wissen wir nichts.

Widersprüche und Antinomien stoße, was dann – wiederum ausgesprochen langatmig – im Abschnitt «Transzendentale Dialektik» der *Kritik* beschrieben wird.[23] Das *Noumenon* ist nur ein Begriff, der «nur das Denken von etwas überhaupt bedeutet, bei welchem ich von aller Form der sinnlichen Anschauung abstrahiere»[24], schreibt unser Philosoph. Ist das etwas anderes als Hilflosigkeit, die aus der strikten Trennung von Anschauung und Begriff resultiert, eine Folge des Auseinanderrückens von empirischem Dasein und reiner Idealität des Denkens?

Ganz grob zusammengefasst: Von allem, was nicht «transzendental», sondern nur «transzendent» ist oder außerhalb des Bereichs raum-zeitlicher Anschauung liegt, können wir kein wissenschaftliches Wissen haben, wir können nichts richtig «wissen»:

> «(W)ir haben es in einem Kanon der reinen Vernunft nur mit zwei Fragen zu tun, die das praktische Interesse der reinen Vernunft angehen, und in Ansehung deren ein Kanon ihres Gebrauchs möglich sein muß, nämlich: ist ein Gott? ist ein künftiges Leben?»

Kant muss aber einbekennen:

23 *Kant,* Kritik der reinen Vernunft, a.a.O., 308-605.

24 *Kant,* Kritik der reinen Vernunft, a.a.O., 281.

«Wir [...] sind [...] von den zwei großen Zwecken, worauf diese ganze Bestrebung der reinen Vernunft eigentlich gerichtet war, eben so weit entfernet geblieben, als ob wir uns aus Gemächlichkeit dieser Arbeit gleich anfangs verweigert hätten. Wenn es also um Wissen zu tun ist, so ist wenigstens so viel sicher und ausgemacht, daß uns dieses, in Ansehung jener zwei Aufgaben, niemals zu Teil werden könne.»[25]

Damit gab *Kant* die Antwort auf die Frage: «Was kann ich wissen?» – *Kant* entwickelte also eine im Prinzip agnostische Erkenntnistheorie, d. h. er lehrte, dass die objektive Realität ihrer Natur nach, als «Ding an sich», nicht zu erkennen sei. Daraus folgte für *Kant* auch, dass sich auch Gott, Freiheit und Unsterblichkeit niemals positiv beweisen ließen. Die Naturgesetzlichkeit, mit deren Hilfe allein sich doch etwas erfahren und beweisen lasse, wurde zum bloßen Phänomen herabgesetzt; *Kant* löste sie subjektiv-idealistisch auf. «Kants Philosophie ist auf dem seiner selbst gewiß gewordenen Standpunkt des souveränen Subjekts gegründet, das die Aktivitäten und die Resultate seiner Weltkonstitution begreift.»[26] Zwar behält

25 *Kant,* Kritik der reinen Vernunft, a.a.O., 677.

26 *Henrich,* Grundlegung, a.a.O., 1719.

die Natur ihren bewusstseinsunabhängigen Bestand als «Ding an sich», aber dieses sei unerkennbar, wie eben Gott, Freiheit und Unsterblichkeit auch unerkennbar seien. Gleichwohl werden diese Ideen in der *Kritik der praktischen Vernunft* (1788) als Postulate zur Hintertür wieder hereingelassen. *Kant* führte eine scharfe Spaltung zwischen Sinnlichkeit und Verstand, zwischen natürlicher und geistiger Gesetzlichkeit durch, und er hob damit den Menschen über alle Natur hinaus. Der von *Kant* festgeschriebene unversöhnliche Widerspruch von Natur und Geist spiegelt natürlich die unaufhebbare Antinomie zwischen der bestehenden feudalabsolutistischen Staatlichkeit und der denknotwendigen Gesetzlichkeit der bürgerlichen Gesellschaft wider. Die Dimension des Geschichtlichen, die der *Kant* von 1755 in seiner *Allgemeinen Naturgeschichte* in so entscheidender, ja in nachgerade revolutionärer Weise in die Naturbetrachtung eingeführt hatte, die trat im Rahmen der Erkenntnistheorie völlig in den Hintergrund (und zwar sowohl im Sinne der Natur- wie im Sinne der Menschheitsgeschichte). Im Vordergrund stand jetzt allein die unveränderliche Struktur von Natur und Geist in ihrem gegenseitigen Verhältnis und mit der Gewissheit, nicht viel wissen zu können – oder in den Worten von *Heinrich Heine* (1797–1856) gesagt:

> «Kant [...] unterwarf unser Erkenntnisvermögen einer schonungslosen Untersuchung, er sondierte die ganze Tiefe dieses Vermögens und konstatierte alle seine Grenzen. Da fand er nun freilich, daß wir gar nichts wissen können von sehr vielen Dingen, mit denen wir früher in vertrautester Bekanntschaft zu stehen vermeinten. Das war sehr verdrießlich. Aber es war doch immer nützlich zu wissen, von welchen Dingen wir nichts wissen können. Wer und vor nutzlosen Wegen warnt, leistet uns einen ebenso guten Dienst wie derjenige, der uns den rechten Weg anzeigt. Kant bewies uns, daß wir von den Dingen, wie sie an und für sich selber sind, nichts wissen, sondern daß wir nur insofern etwas von ihnen wissen, als sich in unserem Geiste reflektiert.»[27]

Gegen Ende seines Lebens wurde sich *Kant* der Unhaltbarkeit dieser Trennung wohl bewusst; er übte – auch wenn dies seine Zeitgenossen nicht in Erfahrung bringen konnten – Selbstkritik, wie wir heute aus seinem zu Lebzeiten nicht veröffentlichen *Opus postumum* wissen: Dort erklärt er «das absolute Versagen seiner Konzep-

27 *Heinrich Heine,* Zur Geschichte der Religion und Philosophie in Deutschland (1833/34). Hrsg. und eingel. v. W. Harich, Ffm. 1966, 157.

tion»[28], was uns freilich hier nicht weiter beschäftigen muss, wiewohl die von *Kant* auseinandergerissenen Sphären der Naturnotwendigkeit und der moralischen Freiheit wieder zusammenzuführen, nachfolgend das große Thema des sog. «deutschen Idealismus» wurde.

Ein ganz anderes Gebiet betritt *Kant,* wenn er von der Moral spricht: Völlig autonom in seinem souveränen Gewissen und daher unabhängig von empirischer Konditionierung sei das moralische Handeln des Menschen, vorausgesetzt freilich, er befolge die Gebote des «kategorischen Imperativs», wie es sich aus der in der *Grundlegung der Metaphysik der Sitten* (1785) und in der *Kritik der praktischen Vernunft* (1788) entwickelten Theorie ergibt. Nicht die kontingente «Sache» der Handlung, so sagt der «kategorische Imperativ», sondern die Absicht oder der Wille, mit dem die Handlung ausgeführt werde, sei das Kriterium ihrer Gültigkeit; und genau auf dieser und nur auf dieser Grundlage könne der Mensch dann universelle moralische Normen ausbilden, wobei es bei der anvisierten Universalität offensichtlich nicht um den Inhalt geht, sondern um die reine Form, von der *Kant* erklärt: «Der kategorische Imperativ, der überhaupt nur

28 So zwingend *Burkhard Tuschling,* Von der Revision zur Revolutionierung und Selbst-Aufhebung des Systems des transzendentalen Idealismus in *Opus postumum,* in: H. F. Fulda/J. Stolzenberg (Hrsg.), Architektonik und System in der Philosophie Kants, Hamburg 2001, 128-170, hier 149.

aussagt, was Verbindlichkeit sei, ist: handle nach einer Maxime, welche zugleich als ein allgemeines Gesetz gelten kann.»[29] Damit hat *Kant* die Antwort auf die Frage gegeben: «Was soll ich tun?»

Die Bekräftigung der Autonomie und damit der Würde und der ethischen Freiheit des Einzelnen inspirierte *Kant* auch in seinen politischen Schriften der 1790er-Jahre. In der Abhandlung *Über den Gemeinspruch: Das mag in der Theorie richtig sein, taugt aber nicht für die Praxis* (1793) und in dem der *Rechtslehre* gewidmeten Teil der *Metaphysik der Sitten* (1797) stechen die drei Prinzipien der Freiheit eines jeden Menschen als Mitglied der Gesellschaft, die Gleichheit aller vor dem Gesetz und die Unabhängigkeit eines jeden «als Bürger» ebenso hervor wie so viele andere «Axiome a priori». Der Aufsatz *Zum ewigen Frieden* (1795) mit dem Untertitel *Ein philosophischer Entwurf* – dazu gleich weiter unten – schlug schließlich als zwei Voraussetzungen für eine Ordnung des universellen Friedens zwischen Staaten einerseits die Notwendigkeit supranationaler Systeme und andererseits und vor allem die «republikanische» Beteiligung der Bürger an der Regierung der Staaten vor.

29 *Immanuel Kant,* Die Metaphysik der Sitten (1797), in: Werke in sechs Bänden, hrsg. v. W. Weischedl, Bd. IV, Darmstadt 2011, 303-634, hier 331.

Kant würdigte die Ideale der bürgerlichen Französischen Revolution von 1789, lehnte jedoch deren jakobinische Polarisierung ab und er hielt daher in all diesen politischen Schriften im Wesentlichen an einem anti-absolutistischen Liberalismus à la *John Locke* fest. Diese Haltung war stark von der Schwäche und Unentschlossenheit des deutschen Bürgertums geprägt. Insbesondere lehnte *Kant* es ab, dass der Ursprung oder die Anerkennungswürdigkeit der jeweils faktisch etablierten Macht untersucht werden könne und sollte; und der Gehorsam gegenüber der Autorität, die gerade Macht über uns hat, wurde von ihm sogar als «kategorischer Imperativ» definiert (gleichwohl er doch niemals ja sagte zur politisch-geistigen Situation, in die er hineingeboren war). Daher rührte auch seine Empfehlung in der *Metaphysik der Sitten* (1797), nur ja nicht über die Ursprünge der höchsten Gewalt im Staate nachzudenken:

> «Der Ursprung der obersten Gewalt ist für das Volk, das unter derselben steht, in praktischer Sicht *unerforschlich:* d. i. der Untertan *soll nicht* über diesen Ursprung, als ein noch in Ansehung des ihr schuldigen Gehorsams zu bezweifelndes Recht (ius controversum), werktätig *vernünfteln.* Denn, da das Volk, um rechtskräftig über die oberste Staatsgewalt (summum imperium) zu urteilen, schon als unter

> einem allgemeinen gesetzgebenden Willen vereint angesehen werden muß, so kann und darf es nicht anders urteilen, als das gegenwärtige Staatsoberhaupt (summum imperans) es will [...somit ist] der jetzt bestehenden gesetzgebenden Gewalt (zu) gehorchen; ihr Ursprung mag sein, welcher er wolle.»[30]

Der Frage, wie sich der latente Dualismus zwischen *Notwendigkeit/Bedingtheit,* die das Feld der erkenntnistheoretischen Erfahrung kennzeichnet, und der *Freiheit,* die die ethische Sphäre beherrscht, zu überwinden sei, widmet *Kant* die Schrift *Kritik der Urteilskraft* (1790). Darin unterscheidet er zwei Arten von Urteilskraft, die «ästhetische» und die «teleologische», «indem unter der ersteren das Vermögen, die formale Zweckmäßigkeit (sonst auch subjektive genannt) durch das Gefühl der Lust oder Unlust, unter der zweiten das Vermögen, die reale Zweckmäßigkeit (objektive) der Natur durch Verstand und Vernunft zu beurteilen, verstanden wird.»[31] Für den Menschen sei zwar der übersinnliche metaphysische Zweck der Natur nicht erkennbar: «Die physische Teleologie treibt uns zwar an, eine Theologie zu suchen; aber kann keine hervorbringen, so weit wir auch der Na-

30 *Kant,* Metaphysik der Sitten, a.a.O., 437 f.

31 *Kant,* Kritik der Urteilskraft, a.a.O., hier 268.

tur durch Erfahrung nachspüren»[32], heißt es darin; immerhin aber sei dieser Zweck (hoffnungsvoll) vorstellbar als subjektives Bedürfnis oder als Antwort auf die Frage: «Was kann ich hoffen?».

Zu dieser Hoffnung gehöre auch die Hoffnung, dass das Christentum als positive oder «offenbarte» Religion – der Kant in der Nachfolge *Lessings* in der Schrift *Religion innerhalb der Grenzen der bloßen Vernunft* (1793) historische Überlegungen widmete – letztlich zu einer vernunftgemäßen Metaphysik zurückkehren würde; der wahre moralische Zweck der Religion bestehe darin, als Stütze für eine überreligiöse Ethik zu fungieren. *Kants* Wiederentdeckung der Metaphysik als Instrument nicht einer objektiven Erkenntnis des Absoluten, sondern vielmehr eines subjektiven Bedürfnisses, es sich vorzustellen, wird nachfolgend einen starken Einfluss auf die Romantik haben.

Wir können es *Johann Gottfried Herder* (1744–1803) nicht ganz verdenken, wenn er als ein Resümee der Antworten *Kants* auf die drei oben genannten Fragen ein klein wenig zynisch antwortete:

> «(Es) erhellt gar nicht, weshalb die Vernunft in diese *drei Gemeinplätze* beschränkt (sc. die Freiheit des Wil-

32 *Kant,* Kritik der Urteilskraft, a.a.O., 565.

lens, die Unsterblichkeit der Seele, das Dasein Gottes), an drei Wörter gebunden, eine Disputantin über drei Kathederfragen sein und bleiben müßte. Werden diese Kathederfragen endlich sogar drei Kanzelfragen, über welche: ‹Was glaubst du? Wie lebst du? Was hoffst du?› nach jedem Evangelium einst Jahrgänge von Predigten gehalten wurden:

1. Was kann ich wissen?
2. Was soll ich tun?
3. Was darf ich hoffen?

in welchen Fragen alles Interesse der Vernunft (das spekulative Interesse sowohl als das praktische) sich vereinigt: so wird die theoretische Vernunft nicht anders antworten können als:

1. *Wissen* kann ich, was für mich erkennbar ist.
2. *Tun* soll ich, was aus diesem Wissen für mich folgt.
3. *Hoffen* darf ich, was sich hoffen läßt. Und so stehen wir, wo wir waren.»[33]

In der Sache weitgehend berechtigt kritisierte *Herder* – wiewohl unter Hinweis auf eine chimärenhafte «ewige Urkraft, die Kraft aller Kräfte» – den einseitigen Idealismus *Kants,* dessen Apriorismus und Agnostizismus; aber schon die Kritik an den vier Antinomien als bloße

33 *Johann Gottfried Herder,* Metakritik zur Kritik der reinen Vernunft (1799). Hrsg. und eingel. v. F. Bassenge, Berlin 1955, 287 f.

sophistische Spitzfindigkeiten zeigt, dass *Herder* seinem ehemaligen Lehrer, zu dessen Füßen er einst Unterricht genoss, nicht recht gewachsen war. *Kant* hatte demzufolge auch gar keine Mühe, die Sache mit einer Gegenfrage vom Tisch zu wischen:

> «Allein (...) was soll man überhaupt von der Hypothese unsichtbarer, die Organisation bewirkender Kräfte, mithin von dem Anschlage, das, *was man nicht begreift,* aus demjenigen erklären zu wollen, *was man noch weniger begreift,* denken? Von jenem können wir doch wenigstens die Gesetze durch Erfahrung kennen lernen, obgleich freilich die Ursachen derselben unbekannt bleiben; von diesen ist sogar alle Erfahrung benommen, und was kann der Philosoph nun hier zur Rechtfertigung seines Vorgebens anführen, als die bloße Verzweiflung den Aufschluß in irgend einer Kenntnis der Natur zu finden und den abgedrungenen Entschluß sie im fruchtbaren Felde der Dichtungskraft zu suchen? Auch ist dieses immer Metaphysik, ja sogar sehr dogmatische, so sehr sie auch unser Schriftsteller, weil es die Mode so will, von sich ablehnt.»[34]

34 *Immanuel Kant,* Recensionen von J. G. Herders Ideen zur Philosophie der Geschichte der Menschheit, in: Kant's gesammelte Schriften. Hrsg. v. der Königlich-Preußischen Akademie der Wissenschaften. 1. Abt., Bd. VIII, Berlin 1912, 45-66, hier 53 f.

Gegen diesen Einwand, der *Herder* traf, lässt sich zunächst wenig sagen: *Kant* stemmte sich zeitlebens gegen die zeitgenössischen metaphysischen, tendenziell irrationalen Theorien, mögen dies auch für sich beansprucht haben, sie wären doch in anti-theologischer Absicht verfasst und es sei ihnen eine historisierende und aufklärerische Funktion zugedacht gewesen. Freilich: Blicken wir ein klein wenig unter die Ladentheke, auf der *Kant* sein theoretisches Besteck zur Vorführung bringt, dann können wir erkennen, dass diese drei Fragen nicht eigentlich anti-theologisch sind, sondern aufs Herz der Theologie zielen, wie *Reinhardt Brandt* betont hat:

> «Alles Vernunftinteresse richtet sich nach Kant mit der ersten Frage ursprünglich auf Gott, mit der zweiten auf die Freiheit und mit der dritten, ‹Was darf ich hoffen?›, auf die Unsterblichkeit der Seele. Die metaphysikzerstörende Antwort der [Kritik der reinen Vernunft] lautet in allen drei Fällen: Theoretisch ist hier eine Erkenntnis unmöglich. Theoretisch lassen sich die Gottesbeweise der Theologen nicht bestätigen, denn es läßt sich, so zeigt die Selbstkritik der Vernunft, nicht ausmachen, ob Gott existiert oder nicht. ‹Was soll ich tun?› Theoretisch läßt sich die Freiheit meines Handelns gegen den Determinismus allen Geschehens in der Welt nicht erweisen. ‹Was

> darf ich hoffen?› Theoretisch dringt keine Seelenlehre zur Erkenntnis der Immaterialität und Unsterblichkeit der Seele vor. Der ‹alles zermalmende Kant›, wie ihn sein Zeitgenosse Moses Mendelsohn voller Ehrfurcht nennt, kritisiert die Vernunft in ihren spekulativen metaphysischen Ansprüchen. Seine Kritik, so die positive Sicht, befreit endlich die Menschheit von einem Scheinwissen über Gott, Freiheit und Unsterblichkeit. Aber sie rettet die Gegenstände unseres Vernunftinteresses zugleich, denn sie weist diese metaphysische Domäne der praktischen Vernunft und dem Glauben zu. Das Absolute erfahren und erkennen wir nicht in theoretischer Erkenntnis, sondern im moralischen Wollen und Handeln, in einem Willen unter der Herrschaft der ihm selbst entspringenden Gesetzgebung.»[35]

Sei es, wie es sei: Von *Lessing* bis *Kant* war die gesamte deutsche Aufklärung von einer Aufwertung des autonomen menschlichen Handelns geprägt, von einer Aufwertung freilich, die im Wesentlichen auf die Werte der inneren Moral beschränkt blieb. Nur eine

35 *Reinhard Brandt,* Immanuel Kant: *Kritik der reinen Vernunft,* in: R. Brandt/Th. Sturm (Hrsg.), Klassische Werke der Philosophie. Von Aristoteles bis Habermas, Leipzig 2002, 132-160, hier 134 f.

Minderheit demokratischer Intellektueller mit ähnlichen Positionen wie die Jakobiner in Frankreich wird nach den Auswirkungen der Französischen Revolution versuchen, diese Ideen der (subjektiven) moralischen Wiedergeburt auf eine operative, also konkret auf politische Aktionen hin ausgerichtete Praxis anzuwenden, um die alte feudale Gesellschaft im bürgerlichen Sinne zu verändern.

Kant weist darauf hin, dass wir unser Wissen jedoch nur aufbauen können, indem wir innerhalb der einzigartigen Art von Erfahrung arbeiten, die uns gegeben wird. Tatsächlich hängt es von einer unkalkulierbaren Bedingung ab: nämlich dass die Dinge dem Menschen als «Phänomene» erscheinen, also als Erscheinungsformen der Dinge, deren Wesen, deren wahres Wesen (ihr Sein als «Dinge an sich») uns erhalten bleibt bewusst ausgeschlossen. Die Werkzeuge des Wissens bestehen aus uns inhärenten «Apriori-Formen», operativen Fähigkeiten, die das «Ich» oder das menschliche Objekt möglicherweise bereits vor der Erfahrung besitzt, die aber erst im Kontakt mit dieser aktiviert werden. Kant nannte sie «transzendental», was bedeutet, dass sie Strukturen des «Ich» sind, die unsere menschliche Art bestimmen, das Wirkliche (und als solches also in gewissem Sinne das «Transzendierende») zu erkennen; während sie, um gültiges Wissen hervorzubringen, jedoch bewegen sich stets im Rahmen möglicher Erfahrung, den sie andererseits aber auch niemals «überschreiten» können. Die Betonung des «Ich» als Zentrum des Erkenntnisuniversums ist die sogenannte «Kopernikanische Wende», von *Kant* in die Philosophie eingeführt; beispielsweise heißt es in der *Kritik der reinen Vernunft:* «Die Ordnung und Regelmäßigkeit also an den Erscheinungen, die wir *Natur* nennen, bringen wir selbst hinein, und würden sie auch nicht darin finden können, hätten wir sie nicht, oder die Natur unseres Gemüts ursprünglich hineingelegt.»[36]

Es geht bei *Kant* immer um das Problemfeld zwischen Freiheit *und* Notwendigkeit. Die berühmte dritte Antinomie hat deshalb den folgenden Inhalt.

Die *These* lautet: «Die Kausalität nach Gesetzen der Natur ist nicht die einzige, aus welcher die Erscheinungen der Welt insgesamt abgeleitet werden können. Es ist noch eine Kausalität durch Freiheit zur Erklärung derselben anzunehmen.» Und die *Antithese* lautet: «Es ist keine Freiheit, sondern alles in der Welt geschieht nach Gesetzen der Natur.»[37]

Auf den ersten Blick scheint allein die Antithese einleuchtend zu sein. Die aktive Selbstbestimmung, also Freiheit und damit auch Moralität, ist ausgeschlossen,

36 *Kant,* Kritik der reinen Vernunft, a.a.O., 179.

37 *Kant,* Kritik der reinen Vernunft, a.a.O., 426-433.

wenn alles in der Welt sich nach den Gesetzen der Natur vollzieht. Kontemplation ist dann das einzige, was bleibt. Nun geht es *Kant* aber nicht vorrangig um die gegenübergestellten beider Sätze. Es geht ihm vielmehr um den Nachweis, dass beide sich widersprechenden Sätze, die in gleicher Weise begründbar sind, darauf hinweisen, dass hier die Grenze des wissenschaftlichen Erkennens überschritten wurde. *Kant* geht es ja immer um die Form des Erkenntnisprozesses (um die ontologische Verfassung der Erkenntnisrelation), und so ist seine Grundintention, die im Subjekt liegenden Bedingungen aufzuhellen, die sowohl die dem Determinismus verpflichtete Wissenschaft («alles in der Welt geschieht nach Gesetzen der Natur») als auch die der Freiheit bedürfenden Moralität möglich machen – allein, beide aus einer Wurzel abzuleiten, sei nirgends gelungen, und Kant gesteht ganz freimütig, dass dies auch ihm nicht möglich sei. Daraus entwickelt sich die Notwendigkeit, die Anwendungsbereiche der beiden Sätze zu bestimmen, sie voneinander abzugrenzen. Das «Reich der Notwendigkeit» bleibt dann vom «Reich der Freiheit» säuberlich geschieden, es besteht eine unaufhebbare Dualität von Anschauung und Begriff. Weil *Kant* die Wissenschaftlichkeit der sinnlichen Erfahrung nur durch die Beziehung auf die Logizität des Denkens glaubte garantieren zu können, musste er zwischen den Gegenständen an sich (dem «Ding an sich») und ihrer

Repräsentation für uns eine Kluft aufreißen, wenn er das Denken für sich nimmt und nicht von vornherein in einer Struktureinheit mit dem Sein der Dinge begreift. Das Sittengesetz, ausgedrückt im «kategorischen Imperativ», wird in Freiheit von Vernunft entlassen – womit wohl ziemlich genau die Wirklichkeit des Menschen in der bürgerlichen Gesellschaft getroffen ist, ist doch diese Wirklichkeit dadurch bestimmt, dass in ihr einerseits das Subjekt in Freiheit gesetzt wird, andererseits aber in sachlich-ökonomischer Abhängigkeit (also im «Reich der Notwendigkeit») verbleibt. Metaphorisch gesprochen: Die Subjekte werden zwischen der *Scylla* einer «Notwendigkeit ohne Freiheit» und der *Charybdis* einer «Kausalität durch Freiheit» hin und her geschleudert und gerissen – und es geht den Staaten auf unserem Planeten in der Sache nicht anders. Diese Zerrissenheit, die wir bei *Kant* erstmals formuliert finden, ist das die Gegenwart prägende Bild des Planeten.

Wir müssten keinen Blick darauf werfen, wenn wir *Hegels* Verdikt gegen *Kant* als letztinstanzliches Urteil nähmen: Dieser habe es doch als Ergebnis seiner Verstandesphilosophie, die auf jegliche Dialektik verzichtet, nur zu einer völlig trivialen Auflösung der «dritten Antinomie» gebracht. Alles laufe daher bei *Kant* darauf hinaus, aus «Zärtlichkeit für die weltlichen Dinge» diese Antinomie vom «Makel des Widerspruchs» reinzuwaschen und die Flucht ins «Sollen» zu erzwingen, in den langweiligen Frieden der Absicht, der die Widersprüche nicht austrägt, sondern formalistisch übertüncht.[38] Damit müsse man sich also *philosophisch* gar nicht weiter beschäftigen.

Indes können wir im Anschluss an *Hegel* viele Fragen an *Kants* Text stellen: Flieht *Kant* tatsächlich vor der schlechten Wirklichkeit ins Reich der Idee? Reduziert er die politische Philosophie auf bloße Moral, auf ein allgemeines Sittengesetz? Oder politischer gefragt: Ist der *Ewige Frieden* von Kant vielleicht nicht mehr als eine Kompensationsideologie einer schwachen deutschen Bourgeoise? Dürfen wir im Rückblick nicht vielleicht zu dem Urteil kommen, dass der ganze Entwurf in dem tiefen Widerspruch gründet, in dem sich *Kant* als ideologischer Wegbereiter bürgerlicher Philosophie philosophisch bewegt und er zwischen dem Anspruch der bürgerlichen Revolution auf Befreiung der ganzen Menschheit und der historisch bedingten Unmöglichkeit und Unfähigkeit, den letztlich bürgerlichen Charakter des Fortschritts in dieser Epoche zu begreifen, herumlaviert?

38 *Georg Wilhelm Friedrich Hegel,* Enzyklopädie der philosophischen Wissenschaften im Grundrisse. Erster Teil: Die Wissenschaft der Logik. Mit den mündlichen Zusätzen (1830), Werke, Bd. 8, Ffm. 1970, 126 f.

Wenn wir ernst nehmen, dass *Kants* Philosophie die «*deutsche* Theorie der französischen Revolution»[39] ist, dann ist ihr Charakter stets und notwendig zwiespältig: sie ist weltanschaulich revolutionär und zugleich geschichtlich-praktisch ohnmächtig. Damit wäre zwar noch nicht erklärt, aber immerhin bezeichnet, dass sich *Kants* Wegschaffen von realen Widersprüchen im «guten Willen» des ohnmächtigen, gedrückten deutschen Bürgertums erschöpft, in seinen kleinlichen Lokalinteressen auf der einen und seiner kosmopolitischen Aufgeblähtheit auf der anderen Seite. In der *Deutschen Ideologie* wurde dies deutlich beschrieben:

> «Der Zustand Deutschlands am Ende des vorigen Jahrhunderts spiegelt sich vollständig ab in Kant's Kritik

39 *Karl Marx,* Das philosophische Manifest der historischen Rechtsschule, in: MEGA² I/1, 191-198, hier 194. – Siehe dazu den Kommentar von *Hermann Klenner,* Zur Theorie/Praxis-Relation in Kants Rechtsphilosophie, in: H. Bleiber/W. Schmidt (Hrsg.), Demokratie, Antifaschismus und Sozialismus in der deutschen Geschichte, Berlin 1988, 91-98, hier 98: «Obschon Kants Philosophie gewiß nicht zu jenen zählt, die alles lassen, wie es ist, so ist ihr doch die so ersehnte Harmonisierung von Theorie und Praxis so wenig in Gedanken geglückt wie unserem Bürgertum in Taten. Daß die dafür tiefere Ursache gesellschaftlicher Natur den deutschen Zuständen zuzuschreiben ist, hat in einer seiner genialen Gedankenblitze der junge Marx mit seinem Satz *Kants Philosophie ist die deutsche Theorie der französischen Revolution* ausgedrückt. Tatenarm, doch gedankenvoll. Freiheit in der Einbildung. Denken über eine fremde Wirklichkeit.»

der praktischen Vernunft. Während die französische Bourgeoisie sich durch die kolossalste Revolution, die die Geschichte kennt, zur Herrschaft aufschwang und den europäischen Kontinent eroberte, während die bereits politisch emanzipirte englische Bourgeoisie die Industrie revolutionirte, und sich Indien politisch und die ganze andere Welt kommerziell unterwarf, brachten es die ohnmächtigen deutschen Bürger nur zum ‹guten Willen›. Kant beruhigte sich bei dem bloßen ‹guten Willen›, selbst wenn er ohne alles Resultat bleibt, und setzte die *Verwirklichung* dieses guten Willens, die Harmonie zwischen ihm und den Bedürfnissen und Trieben der Individuen, in's *Jenseits*. Dieser gute Wille Kant's entspricht vollständig der Ohnmacht, Gedrücktheit und Misère der deutschen Bürger, deren kleinliche Interessen nie fähig waren, sich zu gemeinschaftlichen, nationalen Interessen einer Klasse zu entwickeln, und die deshalb fortwährend von der Bourgeoisie aller anderen Nationen exploitirt wurden.»[40]

Und *Marx/Engels* setzen fort:

«Er (sc. Kant) sowohl wie die deutschen Bürger, deren beschönigender Wortführer er war, merkten nicht,

40 *Karl Marx/Friedrich Engels,* Deutsche Ideologie. Manuskripte und Drucke, MEGA² I/5, 248.

daß die [...] Gedanken der Bourgeoisie materielle Interessen und ein durch die materiellen Produktionsverhältnisse bedingter und bestimmter *Wille* zu Grunde lag; er trennte daher diesen theoretischen Ausdruck von den Interessen, die er ausdrückt, machte die materiell motivirten Bestimmungen des Willens der französischen Bourgeoisie zu *reinen* Selbstbestimmungen des *‹freien Willen›*, des Willens an und für sich, des menschlichen Willens, und verwandelt ihn so in rein ideologische Begriffsbestimmungen und moralische Postulate.»[41]

Aus ganz anderer Richtung als *Hegel* kommen also auch *Marx/Engels* dazu, *Kant* die Bedeutsamkeit abzusprechen; mit ihm und seiner Lehre müsse man sich *praktisch* nicht mehr beschäftigen.

Kant hatte in seiner vorkritischen Zeit, also vor allem in den 1760er-Jahren, seinen Studenten die Überzeugung vermitteln können: Es müsse jetzt nach beinahe vierzigjähriger Vorherrschaft des scholastischen *Wolffismus* endlich Schluss gemacht werden mit den sterilen Logistikübungen und den leeren metaphysischen Konstruktionen, sie seien durch eine für den gewöhnlichen Menschen nützliche Philosophie zu ersetzen: «Durch eine

41 *Marx/Engel*, Deutsche Ideologie, MEGA² I/5, 249 f.

generelle Umkehrung aller Positionen sollte die Philosophie selbst zum Heil- und Gegenmittel für ihre eigene Degeneration werden.»[42] *Kant* selbst hatte da freilich noch keine *aufklärerische* Wirkung auf die deutsche Öffentlichkeit, dies besorgten vor allem *Johann Gottfried Herder* (1744–1803) und *Gotthold Ephraim Lessing* (1729–1781) in den Jahren 1750 bis 1780.

42 So die Zusammenfassung bei *Nicolao Merker,* Die Aufklärung in Deutschland (1968). Dt. v. D. Doucet-Rosenstein, München 1982, 90.

2. KANTS EWIGER FRIEDE

In Deutschland gab es lange schon vor *Kant* eine elaborierte Friedensliteratur. Zwei Linien zeigten sich. Sie gehen aus von *Erasmus von Rotterdam* (1466–1536) und seiner *Querela pacis* [Die Klage des Friedens] (1517) und von *Sebastian Franck* (1499–1542) und seinem *Kriegsbüchlin des frides* (1539). Beide eint der Wunsch nach Frieden, aber ihre Adressaten und der anempfohlene Weg zum Frieden trennen sie. *Erasmus* glaubt, die Menschen durch Belehrung und Aufklärung, durch Appell an die Vernunft der Herrschenden umwandeln und die Welt bessern, den Frieden erreichen zu können (wobei ihm die reinliche Scheidung zwischen Ketzern und Rechtgläubigen noch wichtig ist). *Franck* hingegen wendet sich an die mit dem Chiliasmus («Pazifismus») Übereinstimmenden und propagiert die Verweigerung gegenüber der bestehenden Gesellschaft. Mit *Lessings Nathan der Weise* (1779 veröffentlicht und 1783 in Berlin uraufgeführt) erfährt der von *Erasmus,* mehr aber noch von *Franck* vorbereitete religiöse Toleranzgedanke einen Höhepunkt: Toleranz ist in der Neuzeit nur vermittels konfessioneller Toleranz vorstellbar, und es war *Franck,* der die allgemeine Toleranz propagierte und mit seinem Gesamtschaffen – gerade auch mit seinem schmalen *Kriegsbüchlein* – eine neue Entwicklungsstufe der Toleranz und des Friedensgedankens markierte. Wir finden darin das Recht auf religiösen Individualismus und den Gedanken der Trennung von Kirche und Staat: Die Religion soll endlich Privatsache sein.

Das Friedensdenken ist durch die Jahrhunderte hinweg präsent, es ist nicht immer gleich stark, manchmal ist es auch verschollen, aber es ist natürlich lange vor *Kant* ablesbar aus den Werken von *Martin Opitz* (1598–1639), *Andreas Gryphius* (1616–1664) oder auch von *Hans Jakob Christoffel von Grimmelshausen* (1622–1676) und vielen anderen. Am Ende des Dreißigjährigen Krieges (1648) schreibt der Dichter, Sprachgelehrte und Prinzenerzieher *Justus Georg Schottelius* (1612–1676) die Worte:

«Güldner Fried' uns wohl ergetzet,
Böser Krieg uns sehr verletzet.
Was bringt Friede? Lauter Freud.
Was bringt Kriegen? Lauter Leid.

Güldner Fried uns ernehret.
Böser Krieg uns hinverzehret.
Was bringt Friede? Wein und Brot.
Was bringt Kriegen? Hungersnoth.

Friede bauet, Friede richtet.
Krieg zerreisset, Krieg vernichtet.

Was bringt Friede? Mut und Gut.
Was bringt Kriegen? Feur und Blut.»[43]

Was nun hat uns der *Ewige Friede* von *Kant* zu bieten? Am 13. August 1795 übermittelt *Kant* seinem Verleger *Friedrich Nicolovius* seine Schrift *Zum ewigen Frieden*. Sie konnte noch im gleichen Jahr erscheinen und ist geschrieben in der Form des Entwurfes eines internationalen Vertrages, der nach *Kant* zwischen den Staaten abgeschlossen werden sollte. Die Vertragsform ist kennzeichnend: Von *Hugo Grotius* (1583–1645) bis *Baruch Spinoza* (1632–1677), von *Thomas Hobbes* (1588–1679) bis *John Locke* (1632–1704), von *Jean-Jacques Rousseau* (1712–1778) bis *Samuel Pufendorf* (1632–1694) und *Kant* ist Klarheit zumindest darüber vorhanden, dass jede dem Menschen gemäße Überwindung ihrer naturwüchsigen wechselseitigen (individuellen oder kollektiven) «Unvertragsamkeit», ja sogar «Bösartigkeit» sich über die Vertragsform ihrer Willensübereinstimmung vollziehen muss; und «Entwurf» meinte dabei nicht etwa bloß Skizze, Konzept oder Denkmodell, sondern entsprechend der *Kritik der reinen Vernunft* eine sich

43 Zit. nach *Siegfried Wollgast,* Aspekte des Friedensdenkens im 16. und 17. Jahrhundert in Deutschland, in: Vergessene und Verkannte. Zur Philosophie und Geistesentwicklung in Deutschland zwischen Reformation und Frühaufklärung, Berlin 1993, 108-135, hier 135.

aus Vernunft und Geschichte ergebende «notwendige Idee». An einer versteckten Stelle, nämlich ganz am Ende seiner *Kritik der Urteilskraft* (1790), hatte *Kant* schon Jahre zuvor das folgende Programm formuliert, das wir nicht außer Betracht lassen sollten; dort nämlich hieß es bei der Behandlung der Frage, welche Bedeutung der menschlichen *Geschicklichkeit* in Hinsicht auf den Zeck der Natur zukommt, in einer zunächst eher kuriosen Textstelle:

> «Die Geschicklichkeit kann in der Menschengattung nicht wohl entwickelt werden, als vermittels der Ungleichheit unter Menschen; da die größte Zahl die Notwendigkeiten des Lebens gleichsam mechanisch, ohne dazu besonders Kunst zu bedürfen, zur Gemächlichkeit und Muße anderer, besorget, welche die minder notwendigen Stücke der Kultur, Wissenschaft und Kunst, bearbeiten, und von diesen in einem Stande des Drucks, saurer Arbeit und wenig Genusses gehalten wird, auf welche Klasse sich denn doch manches von der Kultur der höheren nach und nach auch verbreitet. Die Plagen aber wachsen im Fortschritte derselben (dessen Höhen, wenn der Hang zum Entbehrlichen schon dem Unentbehrlichen Abbruch zu tun anfängt, Luxus heißt) auf beiden Seiten gleich mächtig, auf der einen durch fremde Gewalttätigkeit, auf der andern durch innere Ungenügsamkeit; aber

das glänzende Elend ist doch mit der Entwickelung der Naturanlagen in der Menschengattung verbunden, und der Zweck der Natur selbst, wenn es gleich nicht unser Zweck ist, wird doch hiebei erreicht. Die formale Bedingung, unter welcher die Natur diese ihre Endabsicht allein erreichen kann, ist diejenige Verfassung im Verhältnisse der Menschen untereinander, *wo* dem Abbruche der einander wechselseitig widerstreitenden Freiheit gesetzmäßige Gewalt in einem Ganzen, welche *bürgerliche Gesellschaft* heißt, entgegengesetzt wird; denn nur in ihr kann die größte Entwickelung der Naturanlagen geschehen. Zu *derselben* wäre aber doch, wenn gleich Menschen sie auszufinden klug und sich ihrem Zwange willig zu unterwerfen weise genug wären, noch ein *weltbürgerliches* Ganze, d. i. ein System aller Staaten, die auf einander nachteilig zu wirken in Gefahr sind, erforderlich. In dessen Ermangelung, und bei dem Hindernis, welches Ehrsucht, Herrschsucht und Habsucht, vornehmlich *bei* denen, die Gewalt in Händen haben, selbst der Möglichkeit eines solchen Entwurfs entgegen setzen, ist der *Krieg* (teils in welchem sich Staaten zerspalten und in kleinere auflösen, teils ein Staat andere kleinere mit sich vereinigt und ein größeres Ganze zu bilden strebt) unvermeidlich: der, so wie er ein unabsichtlicher (durch zügellose Leidenschaften angeregter) Versuch der Menschen, doch tief verborgener *vielleicht* absichtlicher der obersten Weisheit ist, Gesetzmäßigkeit mit der Freiheit der Staaten und dadurch Einheit eines moralisch begründeten Systems derselben, wo nicht zu stiften, dennoch vorzubereiten, *und* ungeachtet der schrecklichsten Drangsale, womit er das menschliche Geschlecht belegt, und der vielleicht noch größern, womit die beständе Bereitschaft dazu im Frieden drückt, dennoch eine Triebfeder mehr ist (indessen die Hoffnung zu dem Ruhestande einer Volksglückseligkeit sich immer weiter entfernt), alle Talente, die zur Kultur dienen, bis zum höchsten Grade zu entwickeln.»[44]

Im ersten Teil des Traktates werden *Präliminarartikel* formuliert, die den allgemeinen Rahmen bzw. die *conditio sine qua non* der Bedingungen und Verhaltensweisen vernünftigen zwischenstaatlichen Zusammenlebens in gegenseitiger Sicherheit enthalten. Der zweite Teil enthält dann die *Definitivartikel,* die diesen zwischenstaatlichen Sicherheits- und Vertrauensrahmen dauerhaft machen sollen. Hier stellt *Kant* die Frage nach den staatsrechtlichen und auch schon sozialen Bedingungen des ewigen Friedens. Die ganze Abhandlung können wir als eine Stellungnahme zugunsten des revo-

44 *Kant,* Kritik der Urteilskraft, a.a.O., 554-556.

lutionären Frankreichs deuten: «Es waren die epochale Wende nach 1789 und der ewige Frieden als Parole der Revolution, die Immanuel Kant zutiefst beeinflussten [...] Der entscheidende Einfluss der Französischen Revolution auf Kants Ideal des ewigen Friedens wird durch die Intellektuelle Entwicklung des großen Philosophen selbst bestätigt.»[45]

Von den *sechs Präliminarartikeln,* die allesamt die *negativen* Bedingungen eines dauerhaften Friedens umschreiben, ist der erste wohl am bekanntesten geworden; sie klären insgesamt über jene Verhältnisse und Verhaltensweisen auf, die beseitigt werden müssen, wenn man den «unendlichen» Krieg beenden will – und dazu gehören:

> «1. Es soll kein Friedensschluß für einen solchen gelten, der mit dem geheimen Vorbehalt des Stoffs zu einem künftigen Kriege gemacht worden [...]
> 2. Es soll kein für sich bestehender Staat (klein oder groß, das gilt hier gleichviel) von einem andern Staate durch Erbung, Tausch, Kauf, oder Schenkung erworben werden können [...]

45 *Domenico Losurdo,* Kant, die Französische Revolution und der «ewige Frieden», in: Eine Welt ohne Krieg. Die Friedensidee von den Verheißungen der Vergangenheit bis zu den Tragödien der Gegenwart (2016), dt. v. Chr. Buchinger, Köln 2022, 17-57, hier 32 f.

3. Stehende Heere (miles perpetuus) sollen mit der Zeit ganz aufhören [...]
4. Es sollen keine Staatsschulden in Beziehung auf äußere Staatshändel gemacht werden [...]
5. Kein Staat soll sich in die Verfassung und Regierung eines anderen Staats gewalttätig einmischen [...]
6. Es soll sich kein Staat im Kriege mit einem andern solche Feindseligkeiten erlauben, welche das wechselseitige Zutrauen in künftigen Frieden unmöglich machen müssen: als da sind, Anstellung der *Meuchelmörder* (percussores), *Giftmischer* (venefici), *Brechung der Kapitulation, Anstiftung des Verrats* (perduellio) in dem bekriegten Staat etc.»[46]

Die folgenden *drei Definitivartikel* umschreiben sodann die positiven Bedingungen, d. h. diejenigen Verhältnisse und Verhaltensweisen, die vorhanden sein müssen, wenn der auf der Grundlage der Präliminarartikel erreichte Zustand der Abwesenheit des Krieges in einen wirklichen Friedenszustand überführt werden soll; das sind:

46 *Immanuel Kant,* Zum ewigen Frieden. Ein philosophischer Entwurf (1795), in: Werke in sechs Bänden, hrsg. v. W. Weischedl, Bd. VI, Darmstadt 2011, 196-202.

> «1. Die bürgerliche Verfassung in jedem Staate soll republikanisch sein [...]
> 2. Das Völkerrecht soll auf einen Föderalismus freier Staaten gegründet sein [...]
> 3. Das *Weltbürgerrecht* soll auf Bedingungen der allgemeinen *Hospitalität* eingeschränkt sein.»[47]

Den größten Teil der Schrift machen die Zusätze zu den Präliminar- und Definitivartikeln aus.[48] Im ausführlichen *Anhang* einerseits «I. Über die Misshelligkeiten zwischen der Moral und der Politik, in Absicht auf den ewigen Frieden» und «II. Von der Einhelligkeit der Politik mit der Moral nach dem transzendentalen Begriffe des öffentlichen Rechts»[49] diskutiert *Kant* recht unverhohlen, «daß die despotisierenden (in der Ausübung fehlende) Moralisten wider die Staatsklugheit (durch übereilt genommene oder angepriesene Maßregeln) mannigfaltig verstoßen»[50]. Er kann sich zwar, so sagt *Kant*, «einen *moralischen Politiker,* d. i. einen, der die Prinzipien der Staatsklugheit so nimmt, daß sie mit der Moral zusammen bestehen können, aber nicht einen *politischen Moralisten* denken, der sich eine Moral so schmiedet, wie

47 *Kant,* Zum ewigen Frieden, a.a.O., 203-217.

48 *Kant,* Zum ewigen Frieden, a.a.O., 217-228.

49 *Kant,* Zum ewigen Frieden, a.a.O., 228-251.

50 *Kant,* Zum ewigen Frieden, a.a.O., 234.

es der Vorteil des Staatsmanns sich zuträglich findet»[51]. Kennzeichen eines derartigen politischen Moralisten wären die nachfolgenden drei «sophistischen Maximen», die zwar «allgemein bekannt», doch nichts anderes seien als «Schlangenwendungen einer unmoralischen Klugheitslehre»[52], als da sind:

> «1. Fac et excusa. Ergreife die günstige Gelegenheit zur eigenmächtigen Besitznehmung [...], die Rechtfertigung wird weit leichter und zierlicher *nach der Tat* vortragen, und die Gewalt beschönigen lassen. [...] Diese Dreustigkeit selbst gibt einen gewissen Anschein von innerer Überzeugung der Rechtmäßigkeit der Tat, und der Gott bonus eventus ist nachher der beste Rechtsvertreter.
> 2. Si fecisti, nega. Was du selbst verbrochen hast, z. B. um dein Volk zur Verzweiflung, und so zum Aufruhr zu bringen, das leugne ab, daß es *deine* Schuld sei [...].
> 3. Divide et impera. Das ist: sind gewisse privilegierte Häupter in deinem Volk, welche dich bloß zu ihrem Oberhaupt (primus inter pares) gewählt haben, so

51 *Kant,* Zum ewigen Frieden, a.a.O., 233.

52 *Kant,* Zum ewigen Frieden, a.a.O., 237.

veruneinige jene untereinander, und entzweie sie mit dem Volk [...].»[53]

Kant tritt an, um «dieser Sophisterei [...] ein Ende zu machen», um «das Blendwerk aufzudecken, womit man sich und andere hintergeht, das oberste Prinzip, von dem die Absicht auf den ewigen Frieden ausgeht, ausfindig zu machen und zu zeigen: daß alles das Böse, was ihm im Wege ist, davon herrühre: daß der politische Moralist da anfängt, wo der moralische Politiker billigerweise endigt.»[54]

Kant war (nicht anders als *Herder*) überaus ängstlich gegenüber den Konsequenzen einer jeglichen revolutionären Praxis. Die Verwirklichung seiner Friedensidee konnte *Kant* also weder einem revolutionären Bürgertum (das es in Deutschland nicht gab und weil er selbst die praktische Revolution «von unten» fürchtete), noch weniger aber den aufgeklärten Fürsten anvertrauen (das wäre mit seiner Abneigung für die Autokratie unvereinbar gewesen), und so blieb also nichts als ein edler Traum der Menschlichkeit.

Immerhin. – Ist das nichts?

53 *Kant*, Zum ewigen Frieden, a.a.O., 236.

54 *Kant*, Zum ewigen Frieden, a.a.O., 239.

Gültigkeit behält doch jedenfalls *Kants* Aufgeschlossenheit gegenüber der menschlichen Praxis. Er versuchte, die Vernunft als ein Gefüge *operativer* und nicht spekulativer Begriffsmittel zu definieren und zum Einsatz zu bringen. Der *Ewige Friede* ist ein Beispiel dafür. Für *Kant* war das Mannigfaltige des wirklichen Lebens, der empirische Gegenstand, nicht mehr nur die «Entfremdung» von der Idee (wie das die idealistische Spekulation noch verstand), sondern es war ein tatsächlicher materieller Gegenstand, der von einem übersinnlichen *eidos* weder bedingt oder gar produziert wurde. Wenn es aber ums Tätigsein, um die Veränderung der Welt oder gegebenenfalls um den Aufbau einer Gesellschaft ging, in der die «Vernunft» oder auch die «Gerechtigkeit» herrschen sollte, dann sollte dies *theoretisch* entlang naturrechtlicher Prinzipien geschehen – womit sich unter der Hand die erklärte Allgemeingültigkeit, Universalität und Meta-Historizität der dem Einzelnen zugesprochenen «Menschen- und Bürgerrechte» in die kontingente, besondere und historische Billigung der bürgerlichen Menschenrechte verwandelte: Nur der Bürger als privater Warenproduzent und -besitzer sei das Substrat jenes von diesen Prinzipien definierten abstrakten Einzelwesens. Die starke Voreingenommenheit bei *Kant* wird überdeutlich, wenn er den «Unselbständigen» nicht einmal ein Stimmrecht zugesteht: Eine Stimme im Staat soll nur haben, wer «bürgerliche Selbständigkeit besitz(t)», also derjenige, der über die einzig entscheidende Qualität verfügt; «daß er sein eigener Herr (sui iuris) sei, mithin irgendein Eigentum habe [...], welches ihn ernährt»[55]. Der sog. «vierte Stand» soll von der aktiven Beteiligung am Staatsgeschehen kategorisch ausgeschlossen sein. *Kant* fasst jede direkte demokratische Beteiligung der «Massen» am Staatsgeschehen *per se* als einen «Despotismus» auf, den er mit einer genauso blinden wie durch seine individualistischen Voraussetzungen erklärbaren unkritischen Haltung dem paternalistisch-feudalen Despotismus gleichgesetzt sehen wollte. Gewiss hat *Kant* aus dem Grunde seine Persönlichkeit heraus ja gesagt zu einer besseren, humaneren Zukunft, einer Zukunft, die dem Frieden unter den Völkern und einer republikanischen Verfassung ihrer Bürger gehört. *Kant* zufolge sei es aber die praktische Vernunftidee des Friedens, die den Philosophen zur Veränderung der Welt dränge und ihn damit auch in die Alltagspraxis der Wissenschaften[56]; in der *Metaphysik der*

55 *Immanuel Kant,* Über den Gemeinspruch: Das mag in der Theorie richtig sein, taugt aber nicht für die Praxis, in: Werke in sechs Bänden, hrsg. v. W. Weischedl, Bd. VI, Darmstadt 2011, 125-172, hier 151.

56 Hier hat die sog. «Friedensforschung» ihren paradigmatischen Anfangspunkt; vgl. bloß *Hans Jürgen Krysmanski,* Friedensforschung und die Möglichkeit eines positiven Friedensbegriffs, in: Soziale Welt 20 (1969), 476-488; *ders.,* Soziologie und Frieden. Grundsätzliche Einführung in ein aktuelles Thema, Opladen 1993.

Sitten (1797) – also zwei Jahre nach dem *Ewigen Frieden* – findet dies einen deutlichen Ausdruck:

> «(D)ie moralisch-praktische Vernunft in uns (spricht) ihr unwiderstehliches Veto aus: Es soll kein Krieg sein; weder der, welcher zwischen mir und dir im Naturzustande, noch zwischen uns als Staaten, die, obzwar innerlich im gesetzlichen, doch äußerlich (in Verhältnis gegen einander) im gesetzlosen Zustande sind; – denn das ist nicht die Art, wie jedermann sein Recht suchen soll. Also ist nicht mehr die Frage: ob der ewige Friede ein Ding oder ein Unding sei, und ob wir uns nicht in unserem theoretischen Urteile betrügen, wenn wir das erstere annehmen, sondern wir müssen so handeln, als ob das Ding sei, was vielleicht nicht ist, auf Begründung desselben, und diejenige Konstitution, die uns dazu die tauglichste scheint (vielleicht den Repulikanism aller Staaten samt und sonders) hinwirken, um ihn herbei zu führen, um dem heillosen Kriegführen, worauf, als den Hauptzweck, bisher alle Staaten, ohne Ausnahme, ihre innere Anstalten gerichtet haben, ein Ende zu machen.»[57]

57 *Kant,* Metaphysik der Sitten, a.a.O., 478.

Das Erreichen des Friedenszustandes ist für *Kant,* auch wenn es Ansätze einer Bedachtnahme auf reale gesellschaftliche Entwicklung gibt, vorwiegend ein Rechtsproblem; es gelte lediglich, «den Widerstreit ihrer unfriedlichen Gesinnungen in einem Volk so zu richten, daß sie sich unter Zwangsgesetze zu begeben einander selbst nötigen, und so den Friedenszustand, in welchem Gesetze Kraft haben, herbei führen müssen.»[58] Dennoch sind *Kants* Beschreibungen mitunter von bewundernswerter Anschaulichkeit, so etwa, wenn er im Dritten Präliminarartikel gegen stehende Heere polemisiert und fordert, diese sollten mit der Zeit ganz aufhören:

> «Denn sie bedrohen andere Staaten unaufhörlich mit Krieg, durch die Bereitschaft, immer dazu gerüstet zu erscheinen; reizen diese an, sich einander in Menge der Gerüsteten, die keine Grenze kennt, zu übertreffen, und, indem durch die darauf verwandten Kosten der Friede endlich noch drückender wird als ein kurzer Krieg, so sind sie selbst Ursache von Angriffskriegen, um diese Last loszuwerden; wozu kommt, daß zum Töten, oder getötet zu werden in Sold genommen zu seinen einem Gebrauch von Menschen als bloßen Maschinen und Werkzeugen in der Hand eines andern

58 *Kant,* Zum ewigen Frieden, a.a.O., 224.

> (des Staats) zu enthalten scheint, der sich nicht wohl mit dem Rechte der Menschheit in unserer eigenen Person vereinigen läßt.»[59]

Alles, was *Kant* schreibt, ist eingebettet in ein historisches Fortschrittsdispositiv: Es wird immer alles besser. Dieser unbedingte Glaube an den sich allenthalben realisierenden Fortschritt ist uns heute doch weitgehend abhandengekommen; aber es verlohnt, ihn kurz und schematisch zu rekapitulieren: Die Moderne, beginnend mit der *Renaissance* – das «neue Zeitalter» des europäischen Weges –, basierte auf sehr unterschiedlichen Haltungen. Sie gründete auf der Überzeugung, dass die unaufhörliche Aktivität der Menschen – die Produktivität ihrer Bemühungen, ihre Intelligenz und ihre tägliche Arbeit – die Grundlage für eine kontinuierliche Veränderung zum Besseren in unserer Lebensweise schaffe, zumindest in den Teilen der Welt, in der die Europäer lebten: Eine privilegierte Region (so dachte man), die dazu berufen sei, eine Zivilisation aufzubauen, die ihresgleichen sucht und Standards und Regeln ausarbeiten würde, die in allen vier Ecken der Erde durchgesetzt werden sollten. Die hervorgerufenen Veränderungen waren nicht nur materieller Natur; die Transformation würde auch zu verfeinerten Fähigkeiten der Bewertung und

59 *Kant,* Zum ewigen Frieden, a.a.O., 198.

Unterscheidung führen sowie die moralische Urteilskraft selbst weiter ausbilden, d. h. auf dem Weg zu einer immer erfolgreicheren Zivilisation würde auch der Geist «aufgeklärter», stärker und durchdringender werden. Dieser weitverbreitete Glaube ging einher mit einer (sowohl philosophisch als auch theologisch) neuen Vorstellung von Zeit und Geschichte, wie sie sich im Laufe der Moderne entwickelte. Das alte Konzept einer kreisförmigen und sich ständig wiederholenden Zeitlichkeit – die Idee der Geschichte als Kreis, einer unveränderlichen und «natürlichen» Wiederholung der Kette von Ereignissen: der Mythos der ewigen Wiederkunft – wurde durch die eigentlich christliche Interpretation der *Linearität von Zeit* ersetzt: Jetzt gab es einen Anfang und ein Ende, gekennzeichnet durch die Menschwerdung von Gottes Sohn und durch die Verwirklichung seines eschatologischen Erlösungsprojekts. Selbst beim Begründer der neuzeitlichen Politikwissenschaft, bei *Thomas Hobbes* (1588 – 1679), sehen wir am Ende seines *Behemoth* noch Nachklänge des mittelalterlichen Kreislauf-Denkens *(re-volvere),* wenn er schreibt:

> «Ich habe in dieser Revolution [so schreibt er über die Jahre 1649 bis 1660] eine Kreisbewegung der souveränen Gewalt über zwei Thronräuber, Vater und Sohn, vom verstorbenen König an bis zu diesem seinen Sohn, beobachtet. Denn [...] sie bewegte sich von König Charles I. über das Lange Parlament zum Rumpf-

> parlament, vom Rumpfparlament zu Oliver Cromwell, und dann von Richard Cromwell zum Rumpf zurück, von da aus zu dem Langen Parlament und von da zu König Charles II., wo sie lange bleiben möge.»[60]

Tatsächlich gab es natürlich kein Entweder/Oder. Die beiden Bilder Kreis und Linie, alt und modern, waren in Wirklichkeit sehr viel enger miteinander verflochten, sie überlappten und kreuzten sich. Dennoch lässt sich kaum leugnen, dass die Betonung der Richtung der Zeit, sozusagen die Behauptung der Existenz eines Geschichtsvektors, spezifisch zum Charakter der westlichen Moderne gehörte; mit der Kultur der Renaissance ging die Entwicklung einer grundsätzlich optimistischen Vorstellung vom Zusammenhang zwischen Vergangenheit und Zukunft einher.

Das *Goldene Zeitalter* lag nun vor uns und nicht hinter uns, wie die Alten glaubten; und wir sollten es erreichen, auch wenn dies erst am Ende einer schwierigen und ungewissen Reise gelänge. Die Auswirkungen und Erfahrungen mit den ersten technologischen Errungenschaften dieser neuen Ära (mit der Meeresnavigation, den Schusswaffen, dem Buchdruck) trugen wesentlich zu dieser Überzeugung bei, ebenso wie der Paradigmenwechsel

60 *Thomas Hobbes,* Behemoth oder Das Lange Parlament. Übersetzt, mit einer Einleitung und Anmerkungen hrsg. v. P. Schröder, Hamburg 2015, 234.

in der – gerade von *Kant* von allem Anfang an mitbetriebenen – Naturgeschichte (sowohl kosmologische als auch geologische); nicht unmaßgeblich war auch die Entdeckung des Evolutionspfads der Erde, für den *Thomas Burnett* (1635–1715) bereits 1680 oder 1690 den Begriff «Fortschritt» verwendete. Wie heißt es dann in *Kants* Antwort auf die Akademie-Frage: «Welches sind die wirklichen Fortschritte, die die Metaphysik seit Leibnizens und Wolffs Zeiten in Deutschland gemacht hat»? Es heißt:

> «Daß die Welt im Ganzen immer zum Bessern fortschreite, dies anzunehmen berechtiget ihn (sc. den Menschen) keine Theorie, aber wohl die praktische Vernunft, welche nach einer solchen Hypothese zu handeln dogmatisch gebietet, und so nach diesem Prinzip sich eine Theorie macht, der er zwar in dieser Absicht nichts weiter, als die Denkbarkeit unterlegen kann, welches in theoretischer Rücksicht, die objektive Realität dieses Ideals darzutun, bei weitem nicht hinreichend ist, in moralisch-praktischer aber der Vernunft völlig Genüge tut.»[61]

61 *Immanuel Kant,* Über die von der Königl. Akademie der Wissenschaften zu Berlin für das Jahr 1791 ausgesetzte Preisfrage: Welches sind die wirklichen Fortschritte, die die Metaphysik seit Leibnizens und Wolffs Zeiten in Deutschland gemacht hat? In: Werke in sechs Bänden, hrsg. v. W. Weischedl, Bd. V. Darmstadt 2011, 583-676, hier 647.

An dieser Formulierung kann man lange herum-*vernünfteln* (um mit *Kant* zu sprechen), allein: d. h. doch nicht mehr, als dass wir einfach berechtigt seien, daran zu glauben, dass alles unentwegt besser werden würde. Jedenfalls wurden das Wort «Fortschritt» und die Idee, die es verkörperte, erst im 18. und 19. Jahrhundert, also zu Beginn des Zeitalters der *Aufklärung,* im Westen gebräuchlich. In seinem *Essai sur les mœurs et l'esprit des nations* (1756) hatte *Voltaire* (1694–1778) Europa als unvergleichlich bevölkerungsreicher, zivilisierter, wohlhabender und aufgeklärter als das Reich Karl des Großen gekennzeichnet[62], das wäre doch ein Fortschritt, wenn nicht der Krieg wäre:

> «In welch blühendem Zustand befände sich Europa heute ohne die permanenten Kriege, die den Kontinent reiner Nichtigkeiten und Lächerlichkeiten wegen ins Unglück stürzen! [...] Die Vielzahl der Soldaten, die von den Fürsten dauerhaft unter Waffen gehalten werden, ist wahrhaftig ein überaus beklagendwertes Übel.»[63]

62 *Voltaire,* Essai sur les mœurs et l'esprit des nations, et sur les principaux faits de l'histoire, depuis Charlemagne jusqu'à Louis XIII, Genève 1756.

63 Zit. nach *Volker Reinhardt,* Voltaire. Die Abenteuer der Freiheit. Eine Biographie, München 2022, 390. *Kant,* Zum ewigen Frieden, a.a.O., 197 f., wird dies dann knapp vierzig Jahre später direkt in seinen Dritten Präliminarartikel übernehmen.

Voltaire qualifizierte damals das vorläufige Endergebnis der Menschheitsgeschichte als einen fragilen und hybriden Zustand: «Die Kräfte der Beharrung und des Fortschritts stehen sich um die Mitte des achtzehnten Jahrhunderts zwar weiterhin unversöhnlich gegenüber, doch tragen sie ihre Gegensätze zivilisierter aus als in der Vergangenheit [...] Voltaire (schien) jetzt ein gedämpfter Optimismus angebracht, gepaart mit Wachsamkeit gegenüber dem Aufflackern der Intoleranz.»[64] *Kant* schließt daran an.

Bis zur Mitte des 19. Jahrhundert schien die Geschichte Europas somit eine stimmige Erzählung zu sein, die insbesondere im aufgeklärten gewerbe- und handeltreibenden Bürgertum, weit über *Voltaires* erste Geschichte vom «blühenden Zustand Europas» hinaus, bekannt war: Man befand sich auf einer unaufhaltsamen Reise, die sich in jeder Phase auf eine Zukunft mit weiteren unvermeidlichen Errungenschaften vorbereitete, bis zu dem Punkt, an dem dann die endgültige Vereinigung der Menschheit möglich sei. Es herrschte – trotz des Sieges über *Napoleon* und der in ganz Europa herrschenden Reaktion *(Metternich)* – insgesamt ein mentales Klima, das bis in die frühen Jahre des nächsten Jahrhunderts anhielt, zumindest bis zum

64 *Reinhardt,* Voltaire, a.a.O., 394.

verhängnisvollen August 1914 und den Schlachtfeldern der Marne und Verdun.

Die Hoffnungen *Kants* sind ohne diese Gebundenheit an den vorherrschenden Zeitgeist nicht zu verstehen. Natürlich können wir uns den einzelnen Buchstaben des Traktats zuwenden und ihnen eine hermeneutische Barmherzigkeit angedeihen lassen, um sie für unsere heutigen Verhältnisse «fit» zu machen; es wäre dies aber ein weitgehend unfruchtbares Unterfangen – wichtiger ist es, die kategorische Stellung des Friedens in *Kants* Werk hervorzuheben: Für *Kant* ist der Frieden nicht nur wichtig, weil er das Ende von Gewalt und Ungerechtigkeit bedeutet. Der Frieden wird *Kant* zufolge die gesamte Verwirklichung des Reichs der Naturzwecke mit sich bringen; es werde der Friede Hand in Hand gehen mit einem Zustand, in dem jede Nation eine Republik ist. Wenn denn das Volk (und nicht bloß die aktuellen Machthaber) entscheide, ob es in den Krieg zieht, dann werde der Krieg ein Ende haben, denn kein Volk würde aus unbeachtlichen und trivialen Gründen in den Krieg ziehen. Wenn es dann aber weniger Kriege gebe, dann würden sich auch die gesellschaftlichen Einrichtungen verbessern, denn so wie die Dinge jetzt stünden, seien sie hauptsächlich auf den Krieg hin ausgerichtet bzw. sogar für diesen geschaffen. Öffentliche Gelder würden dann in die Bildung und nicht in Kriegsschulden fließen, und die Kultur würde sich verbessern. Die Aufklärung – der

Zustand, in dem die Menschen dann endlich selbständig denken werden – werde sodann durch Rede- und Diskussionsfreiheit gefördert werden. Und schließlich werde zusammengenommen die Moral selbst als das Endprodukt von Kultur und Aufklärung erreicht. Denn, so *Kant,* eine gute Verfassung sei nicht von der (gewaltsamen) Bemühung der Moral zu erwarten, sondern umgekehrt sei ein guter moralischer Zustand eines Volkes nur unter einer guten Verfassung zu erwarten – die Politik habe dem Recht zu folgen. Diese Gedankengänge waren es, die *Kants* Traktat *Zum ewigen Frieden* nachfolgend verbreitete Anerkennung in der Aufklärungsliteratur – bei *Johann Gottlieb Fichte* (1762–1814) und bei *Friedrich Schiller* (1759–1805) etwa – verschaffte, eine Anerkennung, die freilich nur so lange währte, als sich das deutsche Bürgertum im Aufschwung wähnte – im *Brockhaus* des Jahres 1875, zur Zeit *Bismarcks* (1815–1898), hieß es dann schon herabsetzend: «Weder der bellum omnium contra omnes noch der Ewige Friede ist der Ausgangs- oder Zielpunkt der menschlichen Gesellschaft und des Staatenverkehrs, und das Kriegsrecht wird so lange das ius eminens des Staates bleiben als es eine Mehrheit souveräner Staaten gibt»; *Kants* Friedensschrift wird dann verharmlosend als Beschwörung eines «idealen Zustandes» dargestellt – und im Lexikon von *Meyer* aus dem Jahre 1902 wird das Zitat von *Moltke* angeführt: «Der ewige Friede ist ein Traum und nicht einmal ein schöner

Traum. Der Krieg ist ein Element der von Gott eingesetzten Weltordnung. Die edelsten Tugenden entfalten sich daselbst»[65] – wohin das geführt hat, das wissen wir: in die Materialschlacht und Menschenvernichtung des Ersten Weltkrieges.

65 Beide Zitate nach *Werner Bartens/Martin Halter/Rudolf Walther,* Letztes Lexikon. Mit einem Essay zur Epoche der Enzyklopädien, Ffm. 2002, 133.

3. EWIGER FRIEDE ODER EWIGER KRIEG?

Was hat uns der *Ewige Friede* von *Kant* heute noch zu sagen?

Manches davon darf gewiss überzeitliche Geltung beanspruchen, manches ist veraltet – und in vielerlei Hinsicht werden mit diesem Text mehr Fragen aufgeworfen, als beantwortet werden.

Vergleichen wir *Kants* Traktat mit *Herders* gleichnamigem Abschnitt in dessen *Briefen zu Beförderung der Humanität.* Für *Herder* ist die Volksherrschaft zugleich Voraussetzung und Folge einer Gewinnung und Bewahrung des Friedens. Alle Hoffnungen und Sehnsüchte, alle strategischen Überlegungen und praktischen Vorhaben, die an den Begriff der Humanität geknüpft sind, ließen sich nur verwirklichen in einem Prozess des friedlichen und freundschaftlichen Zusammenlebens der Menschen und Völker. Ist diese Einsicht, so fragt sich *Herder*, bei *Kant* ausreichend gewürdigt?

Der Unterschied ist augenfällig: *Kant* kommt es auf die juristischen und staatsrechtlichen Gesichtspunkte an, in der Logik seiner Erörterung folgt er der Aufeinanderfolge von Präliminar- und Definitivartikel und verwendet viel Scharfsinn auf die vertragsmäßige Absicherung des Friedens gegen den Krieg. *Herder* sieht die Sache aus ganz anderer Perspektive: Er geht von ethischer Besinnung und von moralischen Postulaten aus, kleidet seine Darlegung, einer Fabel mit anschließender Nutzanwendung gleich, in die anschauliche Erzählung eines Missionars über die nordamerikanischen Delawaren, Irokesen und Cherokesen und hält alle Verträge, wie die Erfahrung lehre, für völlig nutzlos, «so lange der Baum des Friedens nicht mit festen, unausreißbaren Wurzeln *von Innen heraus* der Nationen blühet»[66]. Und in weiteren Abschnitten[67] gibt *Herder* an, welcher sieben Gesinnungen es bedürfte, um den Krieg unter den Menschen ein für alle Mal auszumerzen; er verlangt:

den «Abscheu gegen den Krieg»,
die «Verminderte Achtung gegen den Heldenruhm»,
den «Abscheu der falschen Staatskunst»,
einen «Geläuterten Patriotismus»,
ein «Gefühl der Billigkeit gegen andre Nationen»,
ein Ablassen von «Handelsanmaßungen», und
friedensorientierte «Thätigkeit».

Und *Herder* schließt daran die Worte:

66 *Johann Gottfried Herder,* Briefe zu Beförderung der Humanität (Schluß), in: Sämmtliche Werke. Zur Philosophie und Geschichte. Erster Theil, Karlsruhe 1820, 357-362, hier 361.

67 *Herder,* Briefe, a.a.O., 366-375.

«Jede Aufmunterung zu guten Gesinnungen ohne auf die *Förmlichkeit ihrer Ausführung* ängstliche Rücksicht zu nehmen, ist eine Trostpredigt. Oft sagt der Blöde: ‹wann wird, wann kann dies geschehen?› und thut darüber gar nichts. Oft hält er sich für zu früh und zu genau an die Bestimmung der Förmlichkeiten des Ausgangs, und vergißt darüber das wesentliche der Hülfsmittel, diesen Ausgang zu fördern. Viele Beispiele der Geschichte legen dies klar an den Tag.»[68]

Und abschließend:

«Verbreiter guter Gesinnungen, schadet ihnen, schadet euch selbst nicht durch Bezeichnung eines Aeußern, das blos von der Zeit und von den Umständen bestimmt werden kann! Pflanzt den Baum; er wird von selbst wachsen; Erde, Luft, Sonne werden ihm Gedeihen geben. Sichert gute Grundsätze; durch eigne Kraft werden sie wirken – nicht anders aber als mit Modificationen, die Zeit und Ort ihnen allein geben können und geben werden.»[69]

68 *Herder*, Briefe, a.a.O., 375.

69 *Herder*, Briefe, a.a.O., 376 f.

Ja, in den politisch-staatsrechtlichen Prämissen gibt es zwischen *Kant* und *Herder* eine fast nahtlose, uneingeschränkte Übereinstimmung. Beide setzen voraus, dass die *innere* Staatsform aller Nationen republikanisch sein müsse, damit ein *äußerer* Staatenbund (*Kant*) oder ein friedliches Koexistieren von Nationen (*Herder*) zustande kommen und von Dauer bleiben könne. Für *Kant* steht am Ende der Völkerbund, ausgehandelt und gesichert durch diplomatische Vereinbarungen; für *Herder* trage nur die richtige Erziehung (Gesinnung) dazu bei, eine dauerhafte, zuverlässige Garantie des Friedens zu erwirken. Beide sind sich einig: Ein friedlicher Bund aller Völker sei Inkarnation und Realisierung aller humanistischen Entwürfe, dies sei die Erfüllung der besten Träume der Menschheit. Gemeinsam ist beiden auch die Strategie des Appellhaften, des Propagandistischen, nur richtet sich *Kant* an die Regierungen und Fürsten, *Herder* mehr an die entstehende bürgerliche Öffentlichkeit in Deutschland.

Aber welch ein Unterschied! Wie verschieden schätzen sie doch das menschliche Vermögen ein. Wem könne denn zugemutet werden, künftige Realisierungen des Friedens zustande zu bringen und aufrechtzuerhalten? Bei *Kant* ist es die deduzierte praktische Vernunft, bei *Herder* ist es eine noch abstraktere Gesinnungsethik. Für sich genommen ist jedes dieser Elemente ein partieller ideologiegeschichtlicher Fortschritt und zugleich

Ausdruck der Schwäche des deutschen Bürgertums im ausgehenden 18. Jahrhundert. Eine Verbindung dieser beiden Elemente, eine Vereinigung von Vernunft und Gesinnung kam damals nicht zustande (und führte im Verhältnis zwischen *Kant* und *Herder* sodann auch noch zu einem persönlichen Zerwürfnis). Das ist insbesondere bemerkenswert, weil doch *Kant* selbst sich als Reformator nicht nur der philosophischen, sondern auch der sittlichen Bildung seiner Zeit verstand; und es ist bemerkenswert auch deshalb, weil man mit guten Gründen die Auffassung vertreten kann, dass *Kant* zufolge der ewige Friede einen föderalistischen Völkerstaat erfordere, «der von normativen Überzeugen der Individuen unterstützt wird [...] Bürger und Politiker, so sagt Kant im 18. Jahrhundert, sollen praktisch so vorgehen, dass sie sich um die Bildung eines Völkerbundes bemühen»[70]. Wie aber sollte diese Unterstützung erfolgen, wenn sie nicht von der Gesinnung der Einzelnen (im Sinne *Herders*) getragen wäre? In der Auffassung von *Kant* äußert sich sein historischer Optimismus, die Realisierbarkeit des ewigen Friedens ist bei ihm in die historische Ferne gerückt; und überdies: Bei *Kant,* im Unterschied zu *Herder,* ist die

70 So zutreffend *Pauline Kleingeld,* Kants Argumente für den Völkerbund, in: H. Nagl-Docekal/R. Langthaler (Hrsg.), Recht – Geschichte – Religion. Die Bedeutung Kants für die Gegenwart, Berlin 2004, 99-111, hier 110.

Idee der Volkssouveränität zu einem regulativen Prinzip eingeengt, was die praktischen Realisierungsmöglichkeiten für den immerwährenden Frieden beschränkt.

Dennoch: Aus der Lektüre des *Ewigen Friedens* leuchtet jedenfalls unabstreitbar viererlei hervor, was die damalige Differenz zu *Herder* doch vergleichsweise unbedeutend erscheinen lässt[71]:

1. *Kant* hielt das kriegerische Morden der Menschen durch ihresgleichen nicht für ein durch deren aggressive Triebausstattung definitiv bedingtes Verhaltensmuster – Krieg muss nicht sein. Kriege zu erleiden ist keine von Gott auferlegte Strafe, und Kriege zu führen keine göttliche Mission. Der Krieg ist immer Staatsterrorismus; er hat Anlässe, gewiss, aber ebenso gewiss auch Ursachen.

2. Kriegsentstehung und Kriegsführung resultieren aus den Interessen der Obrigkeit; der Friede ist dem Interesse des Volkes gemäß. Welches Recht habe eigentlich der Staat gegen seine Untertanen, sie zum Krieg *gegen* andere Staaten zu gebrauchen? fragt *Kant;* und welches Recht der sich als Staatseigentümer gerierende Souve-

71 Wir entlehnen hier fast wortgetreu von *Hermann Klenner,* Pax Kantiana versus Pax Americana, in: Sitzungsberichte der Leibniz-Sozietät, Bd. 69 (2004), 43-54, hier 46-54.

rän, seine Untertanen in den Krieg wie auf eine Jagd zu führen und zu einer Feldschlacht wie zu einer Lustpartie? Bei *Kant* korrespondiert die Staatenpflicht zum Frieden dem Menschrecht auf Frieden. Fast anarchistisch klingt es, wenn wir bei *Kant* lesen: «Daß Könige philosophieren, oder Philosophen Könige würden, ist nicht zu erwarten, aber auch nicht zu wünschen; weil der Besitz der Gewalt das freie Urteil der Vernunft unvermeidlich [sic!] verdirbt»[72].

3. *Kant* hat das Existenzproblem eines innerstaatlichen Friedens ausgeweitet auf den zwischenstaatlichen Frieden (eine Arbeit, die *Thomas Hobbes* noch unerledigt gelassen hat). Wie der Gesellschaftsvertrag, durch den sich das Volk zur *civil society,* zum Staat, konstituiert dessen einzige Legitimationsbasis sei, so sei es auch der nach der Idee eines ursprünglichen Gesellschaftsvertrages gebildete Völkerbund für die internationale Rechtsordnung. «Den Dreiklang eines Selbstbestimmungsrechts des Individuums, des Volkes und der Menschheit gibt es in dieser juristischen Klarheit erst bei Kant [...] Die Idee einer mit dem natürlichen Recht jedes Menschen übereinstimmenden Konstitution, daß nämlich die dem Gesetz Gehorchenden zugleich auch die das Gesetz Geben-

72 *Kant,* Zum ewigen Frieden, a.a.O., 228.

den sein sollen, sei die ewige Norm für alle bürgerliche Verfassung überhaupt und für den ewigen Frieden.»[73]

4. Der kategorische Imperativ von *Kant:* «Handle nach einer Maxime, welche zugleich als ein allgemeines Gesetz gelten kann»[74], wird vom Gegenstandsbereich der zwischenmenschlichen auf den der zwischenstaatlichen Beziehungen transferiert – und das hat nun in der Tat allerhöchstes Gegenwartsinteresse, scheint doch das als zivilisatorischer Hauptgewinn der Völkerrechtsentwicklung des 20. Jahrhunderts zu wertende Gewaltverbot des Art. 2, Nr. 4 der UN-Charta immer öfter negiert zu werden; die völkerrechtsgemäße Friedensordnung wird damit durch eine völkerrechtswidrige Kriegsordnung ersetzt.

Kant übernahm die Idee des ewigen Friedens von der französischen Aufklärung, etwa aus dem *Projet pour rendre la paix perpétuelle en Europe* [Traktat vom ewigen Frieden in Europa] (1712) des konservativen *Abbé de Saint-Pierre* (1658–1743) und aus den Schriften des von ihm verehrten *Jean-Jacques Rousseau* (1712–1778). *Kant* aber griff nicht nur die Parole auf, er begriff den ewigen Frieden als eine

73 *Klenner,* Pax Kantiana, a.a.O., 52.

74 *Kant,* Die Metaphysik der Sitten, a.a.O., 331.

unbedingte Forderung und Notwendigkeit der Vernunft. Es nimmt nicht Wunder, dass *Kant* keinen Weg zur Realisierung des Friedens findet; und ob ein ewiger Friede überhaupt möglich sei, das behandelt er nicht. Betont wurde von ihm mit Nachdruck, dass der Friede – wie es schon *Thomas Hobbes* hervorstrich – nicht einfach auf natürliche Weise entstehen könne, sondern dass der Friede erst als ein durch eine gesetzliche Zwangsordnung «gestifteter» Sicherheitszustand vorstellbar sei. Grundlegend ist dabei der Gedanke, dass «die Vernunft, vom Throne der höchsten moralisch gesetzgebenden Gewalt herab, den Krieg als Rechtsgang schlechterdings verdammt, den Friedenszustand dagegen zur unmittelbaren Pflicht macht, welcher doch, ohne einen Vertrag der Völker unter sich, nicht gestiftet oder gesichert werden kann: – so muß es einen Bund von besonderer Art geben, den man den *Friedensbund* (foedus pacificum) nennen kann, der vom *Friedensvertrag* (pactum pacis) darin unterschieden sein würde, daß dieser bloß *einen* Krieg, jener aber *alle* Kriege auf immer zu endigen suchte. Dieser Bund geht auf keinen Erwerb irgendeiner Macht des Staats, sondern lediglich auf Erhaltung und Sicherung der *Freiheit* eines Staats, für sich selbst und zugleich anderer verbündeten Staaten, ohne daß diese doch sich selbst deshalb (wie Menschen im Naturzustand) öffentlichen Gesetzen, und einem Zwange unter denselben, unterwerfen dürfen»[75]. Diese Vorstellungen sind heute durch die UN-Charta und andere staatlichen Übereinkommen teilweise eingelöst – aber es steckt in ihnen immer noch ein Gutteil an utopischem Gedankengut. Für *Kant* war der uralte Gedanke eines ewigen Friedens gewiss keine leere Idee, keine bloß erträumte Vollkommenheit. Bei *Kant* ist der zu stiftende Friede das Erdenken einer möglichen Wirklichkeit. Sein Friedensgedanke ist antizipatorische Substanz einer künftigen Weltgesellschaft, wie er sie jetzt schon, zu seiner Zeit, auf dem Weg sieht. Die Substanz von *Kants* Völkerrechts- und Friedenstheorie besteht, in seiner eigenen Terminologie, in Folgendem:

> «Wenn es Pflicht, wenn zugleich gegründete Hoffnung da ist, den Zustand eines öffentlichen Rechts, obgleich nur in einer ins Unendliche fortschreitenden Annäherung wirklich zu machen, so ist der *ewige Friede,* der auf die bisher fälschlich so genannten Friedensschlüsse (eigentlich Waffenstillstände) folgt, keine leere Idee, sondern eine Aufgabe, die nach und nach aufgelöst, ihrem Ziele (weil die Zeiten, in denen gleiche Fortschritte geschehen, hoffentlich immer kürzer werden) beständig näher kommt.»[76]

75 *Kant,* Zum ewigen Frieden, a.a.O., 211.

76 *Kant,* Zum ewigen Frieden, a.a.O., 251.

Ganz offenkundig hat *Kant* sich getäuscht: Nach *Kant* wurden die Kriege häufiger, sie verursachten mehr Menschenopfer als je zuvor, und nichts in unserer Welt sieht danach aus, dass sich in absehbarer Zeit eine Trendumkehr zeigen würde.

Spricht dieser Befund gegen *Kant* oder spricht er gegen uns?

Die Rechtstheorie *Kants,* die doch den Anspruch erhebt, einer «reinen» metaphysischen Vernunft zu entspringen, wird in Wirklichkeit von den Inhalten beherrscht, die in der bürgerlichen Gesellschaft und deren Wirtschaft liegen und die als uneingestandene und heimliche eingeschleuste Empirie den Denkeinsatz von *Kant,* seine Theorie beherrschen. Es ist aber nicht so, als ob *Kant* das durchgehend verschweigen würde; es gibt eine Vielzahl von Stellen in dessen Werk, die mit überraschender Modernität der Konzeption erklären, dass es die ökonomische Organisation der bürgerlichen Gesellschaft ist, die die Politik bestimmt. Die Behandlung der Frage von Krieg und Frieden, in der *Kant* auch sonst aus der Perspektive des bürgerlichen Fortschrittsdenkens sein Bestes gibt, enthält in *Zum ewigen Frieden* und an parallelen Stellen in anderen Schriften mehrere Hinweise auf die reale Herrschaft der Ökonomie.

Die eigentliche «Garantie für den ewigen Frieden», so heißt es bei *Kant,* liegt in der Vorherrschaft der Wirtschaft über die Politik, denn es sei der Austausch von lebensnotwendigen Gütern gewesen, der die Bevölkerung zu friedlichen Beziehungen zwang. Und in der Neuzeit sei die Überwindung des Kriegszustands, noch bevor sie ein moralisches Gebot für die Menschheit ist, eine Notwendigkeit, die nach *Kants* bürgerlichem Optimismus durch den internationalen Charakter der neuen kapitalistischen Produktionskräfte *de facto* auferlegt werde. «Jetzt sind die Staaten schon in einem so künstlichen Verhältnisse gegen einander, daß keiner in der inneren Kultur nachlassen kann, ohne gegen die andern an Macht und Einfluß zu verlieren [...] bürgerliche Freiheit kann jetzt auch nicht sehr wohl angetastet werden, ohne den Nachteil davon in allen Gewerben, vornehmlich dem Handel, dadurch aber auch die Abnahme der Kräfte des Staats im äußeren Verhältnisse, zu fühlen»[77], dass es am Ende diese qualitativen Veränderungen in der Wirtschaft sein würden, die fast automatisch zu einer Einigung zwischen den Staaten führen werden. Kurz gesagt: «Es ist der *Handelsgeist,* der mit dem Kriege nicht zusammen bestehen kann»[78], und dieselbe «Geldmacht», die in einer Wirtschaft des Ancien Régime «wohl das zu-

77 *Immanuel Kant,* Idee zu einer allgemeinen Geschichte in weltbürgerlicher Absicht, in: Werke in sechs Bänden, hrsg. v. W. Weischedl, Bd. VI, Darmstadt 2011, 31-50, hier 46.

78 *Kant,* Zum ewigen Frieden, a.a.O., 226.

verlässigste Kriegswerkzeug sein dürfte»[79], erhält stattdessen im Entwurf der internationalen Expansion der bürgerlichen Produktivkräfte die neue Konnotation, die Staaten zum Frieden zu bewegen (der mit dem Krieg, angesichts der neuen Verflechtungen zwischen den nationalen Ökonomien, einen gegenseitigen «unvermeidlichen Staatsbankerott»[80] bewirken würde).

Es sei der «Völker [...] wechselseitige(r) Eigennutz»[81], der den Frieden quasi automatisch befördere; und *Kant* ergeht sich etwa 10 Jahre vor seinem Traktat *Zum ewigen Frieden* noch ganz prosaisch in reinster Prophetie, wenn er sagt:

> «Obgleich z. B. unsere Weltregierer zu öffentlichen Erziehungsanstalten, und überhaupt zu allem was das Weltbeste betrifft, vor jetzt kein Geld übrig haben, weil alles auf den künftigen Krieg schon zum voraus verrechnet ist: so werden sie doch ihren eigenen Vorteil darin finden, die obzwar schwachen und langsamen eigenen Bemühungen ihres Volks in diesem Stücke wenigstens nicht allein ein so künstliches, im Ausgange von beiden Seiten so unsicheres,

79 *Kant,* Zum ewigen Frieden, a.a.O., 198.

80 *Kant,* Zum ewigen Frieden, a.a.O., 199.

81 *Kant,* Zum ewigen Frieden, a.a.O., 226.

sondern auch durch die Nachwehen, die der Staat in einer immer anwachsenden Schuldenlast (einer neuen Erfindung) fühlt, deren Tilgung unabsehlich wird, ein so bedenkliches Unternehmen, dabei der Einfluß, den jede Staatserschütterung in unserem durch seine Gewerbe so sehr verketteten Weltteil auf alle andere Staaten tut, so merklich: daß sich diese durch ihre eigene Gefahr gedrungen, obgleich ohne gesetzliches Ansehen, zu Schiedsrichtern anbieten, und so alles von weitem zu einem künftigen großen Staatskörper anschicken, wovon die Vorwelt kein Beispiel auszuzeigen hat. Obgleich dieser Staatskörper für itzt nur noch sehr im rohen Entwurfe dasteht, so fängt sich dennoch gleichsam schon ein Gefühl in allen Gliedern, deren jedem an der Erhaltung des Ganzen gelegen ist, an zu regen; und dieses gibt Hoffnung, daß, nach manchen Revolutionen der Umbildung, endlich das, was die Natur zur höchsten Absicht hat, ein allgemeiner *weltbürgerlicher Zustand,* als der Schoß, worin alle ursprüngliche Anlagen der Menschengattung entwickelt werden, dereinst einmal zu Stande kommen werde.»[82]

82 *Kant,* Idee zu einer allgemeinen Geschichte, a.a.O., 47.

Kant meint hier also noch, dass der Friede fast naturwüchsig aus den internationalen Handelsbeziehungen erwachse, trotz der ubiquitären «Ehrbegierde der Staatsoberhäupter»[83], und obwohl es doch offensichtlich sei, dass die «Staaten alle ihre Kräfte auf ihre eiteln und gewaltsamen Erweiterungsabsichten verwenden, und so die langsame Bemühung der inneren Bildung der Denkungsart ihrer Bürger unaufhörlich hemmen, ihnen selbst auch alle Unterstützung in dieser Absicht entziehen»; aber das menschliche Geschlecht brauche eben «eine lange innere Bearbeitung jedes gemeinen Wesens zur Bildung seiner Bürger», bis man sich «aus dem chaotischen Zustande seiner Staatsverhältnisse herausgearbeitet haben wird»[84]; anders gesagt: *Kant* «took comfort from the fact that in his time respresentative government, international trade, and international law were spreading, but he accepted that there was a long way to go.»[85]

So sehr *Kant* auch *Rousseau* bewunderte, hier setzte er sich ab von ihm: *Rousseau* hatte bemerkt, dass wir die Ausführung des schönen, vernünftigen Plans eines ewigen Friedens nicht erleben würden, da dieser nur durch gewaltsame und für die Menschheit schreckliche Mittel

83 *Kant,* Idee zu einer allgemeinen Geschichte, a.a.O., 50.

84 *Kant,* Idee zu einer allgemeinen Geschichte, a.a.O., 45.

85 *Mann,* On Wars, a.a.O., 46.

geschehen könne – und wer von uns würde von einer ausschließlich durch Revolutionen gegründeten europäisch-föderativen Liga zu sagen wagen, ob sie zu wünschen oder zu fürchten sei? Es würde dies vielleicht plötzlich mehr Schaden anrichten, als es Jahrhunderte lang verhindern würde.[86] In *Kants* Denken haben sich offensichtlich die Motive *Rousseaus* mit dem Fortschrittsglauben des Liberalen verbunden – «der blinde egoistische Machttrieb der Herrschenden wird in Kants geschichtsphilosophischer Beleuchtung zum unbewußten Vehikel einer endlich zu stiftenden republikanischen Ordnung im Inneren und einer weltweiten Föderation zur Sicherung des Friedens nach außen. Während nach *Rousseau* die Bedingungen für die Errichtung einer legitimen Republik allmählich schwinden, nähern sich nach *Kant* die europäischen Staaten erst schrittweise einem Zustand, der wenigstens ‹der Wirkung nach› mit dem republikanischen Rechtsstaat zusammenstimmt.»[87] *Kants* Auffassung von Krieg und Frieden ist organischer Bestandteil seiner Geschichtsphilosophie, seiner theoretischen und prakti-

86 *Jean-Jacques Rousseau,* Jugement sur le projet de paix perpétuelle, in: Œuvres complètes III: Du contrat social – Écrits politiques (Bibliothèque de la Pléiade), Paris 1964, 591-600, hier 600.

87 So *Iring Fetscher,* Rousseaus politische Philosophie. Zur Geschichte des demokratischen Freiheitsbegriffs (1960), Neuwied am Rhein/Berlin 1968, 89.

schen Philosophie überhaupt; sie ist in seine Lehre vom widersprüchlichen, aufsteigenden Charakter der gesellschaftlichen Entwicklung eingebettet. Deshalb bestand für ihn eine hohe praktische Gewissheit, dass die künftige Ordnung der Menschheit eine Ordnung des Friedens sein werde. Er hat sich getäuscht. Mord und Totschlag folgten seinem Friedensentwurf. Schon «the French Revolutionary and Napoleonic wars interrupted such hopes.»[88]

Selbst wenn man sich in Sonntagsreden das von *Kant* postuliert «Weltbürgerrecht» herbeiredet, so wird man doch nicht daran vorbeigehen können, dass auch unser heutiges Völkerrecht in vielen Fällen nur Substitut des Rechts ist, Ersatzrecht, nicht striktes, unbedingtes Recht. *Kant* hat an *Hobbes* anschließend begrifflich gewiss außerordentliches geleistet, er ist aber im Ergebnis wohl über den *Leviathan* (1651) nicht hinausgekommen. Diese Einschätzung lässt sich unschwer plausibel machen: Bei *Hobbes* heißt es recht deutlich, dass der Naturzustand verlassen und der Friede gesucht werden muss. Das zuvor bestehende Recht aller auf alles (das entscheidene Kennzeichen des Naturzustandes) darf nicht zurückbehalten, vielmehr müssten bestimmte Rechte übertragen oder aufgegeben werden – das ist die *recta rationis* (rechte Einsicht) bei *Hobbes,* und nicht anders ist es für *K*ant: «Es

88 *Mann,* On Wars, a.a.O., 271.

soll kein Krieg sein». Aber sowohl bei *Kant* wie bei *Hobbes* behalten zumindest die Völker und Staaten ihr Recht zu tun, *was ihnen recht und gut dünkt,* und hierin von der Meinung der Anderen nicht abhängig zu sein. Unter dieser Voraussetzung ist das *Exeundum* (also der Austritt aus dem gesetzlosen Naturzustand) nicht erfüllbar, in *Kants* kosmopolitischer Konzeption des Rechts nicht und aktuell, in der Epoche der Globalisierung, auch für vereinzelte Menschen nicht. Der Naturzustand, der Krieg aller gegen alle, dauert an, der ewige Frieden als Zustand *peremtorisch* geltenden Rechts ist nicht realisierbar; als Erfüllung der Vernunftgebote realisierbar ist nur der Versuch, sich allmählich und kontinuierlich ans geforderte Recht anzunähern – die Geschichte der UNO und weiterer internationaler Organisation beweist uns das. *Kant* ist eindeutig: «Der Friedenszustand unter Menschen [...] ist kein Naturzustand»; der Naturzustand unter den Menschen sei «vielmehr ein Zustand des Krieges» (*Kant* übernimmt von *Hobbes'* dessen *bellum-omnium-contra-omnes*-Figur). Wenn aber der natürliche Zustand (status naturalis) der Kriegszustand sei, dann ergibt sich wie von selbst als Schlussfolgerung für die Herstellung des Friedenszustandes: «Er muß also *gestiftet* werden»[89]. Bei *Kant* finden wir aber keinen realistischen Weg, wie es zu dieser Stiftung

89 *Kant,* Zum ewigen Frieden, a.a.O., 203.

kommen könnte; fast könnte man glauben, *Kant* habe sich als bürgerlich-liberaler Optimist darauf verlassen, dass der Friede, ein praktisches-moralisches Vernunftgebot, «von alleine» in die Welt treten würde ... Die Wirklichkeit hat der Menschheit aber ganz anderes geboten.

Will man diesen Sachverhalt etwas prosaischer beschreiben und löst sich von der systematischen Durchdringung der Problemlage, so wird man auch heute noch, wie vor gut 100 Jahren, mit *Kuno Fischer* sagen können:

> «Die völkerrechtlichen Verhältnisse beruhen auf Verträgen, die willkürlich gemacht *(jura voluntaria)* und von Interessen abhängig sind, verschieden wie die Sittenzustände der Völker und veränderlich wie die Zeiten. Gegenwärtig spielen die Gewalthaber in der großen Welt mit den Bündnissen und Verträgen wie in ihren Palästen mit Karten; Friedensschlüsse gelten kaum mehr so viel als Waffenstillstände, weshalb der scharfsinnige Hobbes nicht mit Unrecht erklärt habe, daß die Völker beständig im Kriegszustande leben. Die Erfahrungen des Zeitalters bestätigen seine Lehre. Die Friedenszustände seien gegenwärtig nur Pausen, wie die kämpfenden Gladiatoren einen Augenblick ausruhen, um Atem zu schöpfen.»[90]

90 *Kuno Fischer*, Gottfried Wilhelm Leibniz. Leben, Werk und Lehre (1920). Hrsg. v. Th. S. Hoffmann, Wiesbaden 2009, 190.

Es gibt eben bis heute keine Weltstaatsinstanz über den einzelnen Nationalstaaten, die, mit Sanktionsrechten und Sanktionmitteln ausgestattet, in der Lage wäre, den rationalen Vorbehalt des Mißtrauens der einzelnen Staaten gegeneinander überflüssig zu machen. Solange es den Weltstaat nicht gibt, solange ein Völker-*Recht* nur dem Namen nach besteht[91], bleiben die Argumente von *Hobbes* für die *Rationalität des Mißtrauens* in Kraft:

> «Mehr als bloße Möglichkeit kann der Friede [...] nicht sein. Denn das, was das Recht im Rechtsstaat erzeugt und konstituiert, gibt es in den internationalen Beziehungen nicht: eine *Legislative,* die die Staatsbürger als Mitglieder der Rechtsgemeinschaft – oder hier: der Staaten als Mitglieder der heute unaufhörlich beschworenen, aber nicht existierenden *international community* – sichert und verpflichtet; eine *Jurisdiktion,* die im Konfliktfall anstelle der bloßen Gewalt das staatliche – oder hier: das international – gesetzte Recht zur Entscheidung des Konflikts durch ein gerichtliches Urteil einsetzt; und schließlich eine *staatliche Rechtszwangsgewalt,* die die Gesetze und die Rechtsprechung der Richter – etwa des soeben

91 Siehe *Alfred J. Noll,* Es gibt kein Völkerrecht. Thomas Hobbes über die Natur internationaler Beziehungen. Eine Rückerinnerung, in: «International» III/2022, 13-17.

> gegründeten *Internationalen Strafgerichtshof* in Den Haag – um- und durchsetzt. – All das fehlt bisher in den Beziehungen zwischen den Völkern: es gibt kein Gesetz, das den Konfliktparteien ihre Rechte und Pflichten zuweist; keinen Richter, der nach geltendem Recht entscheiden könnte; keine Rechtszwangsgewalt, die dem Gesetz, dem Recht und der Rechtsprechung Geltung verschaffen könnte.»[92]

Bis auf weiteres wird es also wohl dabei bleiben: Gezwungen durch das Gesetz seiner eigenen ökonomischen Determiniertheit, kann das Weltsystem seine Widersprüche nicht lösen, sondern entwickelt sie in der monopolistischen Konzentration des Kapitals und in der imperialistischen Politik bis zum Äußersten, indem es Technik und Wissenschaft seinen Absichten unterwirft und versucht, unter der Herrschaft seiner finanziellen Macht eine soziale Struktur ohne jedes innere ethische Prinzip von Kohärenz und Energie zu schweißen. Es ist deshalb auch kein Wunder, wenn dieser Leviathan der Selbstsucht mit dem *bellum omnium contra omnes* beantwortet wird, wenn also der Krieg in seinen extrems-

92 *Burkhard Tuschling,* Vernunft, Recht, Staat, Völkerrecht. Resultate des philosophischen Produktionsprozesses bei Hobbes, Kant, Hegel, in: S. Doyé/M. Heinz/U. Rameil (Hrsg.), Metaphysik und Kritik. Festschrift für Manfred Baum zum 65. Geburtstag, Berlin/New York 2004, 299-331, hier 324.

ten Formen, die Ausbeutung ohne Gnade, die Geschichte des imperialistischen kapitalistischen Systems beherrscht. Und es besteht kaum ein Grund für vorschnelle positive Urteile, denn mit *Heide Gerstenberger* wird man wohl sagen müssen: «Aller *global governance* zum Trotz regiert im Bereich internationaler Politik weiterhin eine autoritative Interpretation des Rechts. Ihre Basis ist die jeweilige Gewaltkompetenz der beteiligten Akteure. Die rechtliche Gleichheit souveräner Staaten hebt die Ungleichheit der jeweiligen Gewaltkompetenz nicht auf.»[93]

Anhand zweier Beispiele soll das kurz und lediglich beispielsweise illustriert werden: Gemäß Artikel 53 Abs. 1 der UNO-Charta und der (gegen die Stimmen von Österreich und Deutschland dann mit einer Mehrheit von 31 zu 14 Stimmen angenommenen, aber rechtlich nicht verbindlichen) UN-Resolution 27/21 zu «Human rights and unilateral coercive measures» aus dem Jahr 2014 sind außerhalb der UNO-Gremien verhängte Sanktionen völkerrechtlich verboten: «Ohne Ermächtigung des Sicherheitsrats dürfen Zwangsmaßnahmen auf Grund regionaler Abmachungen oder seitens regionaler Einrichtungen nicht ergriffen werden», heißt es in der UN-Charta. Wer aber hätte sich etwa bei den EU-Sanktionen gegen Russland je um diese Vorschrift

93 *Heide Gerstenberger,* Markt und Gewalt. Die Funktionsweise des historischen Kapitalismus, Münster 2017, 621.

gekümmert? Die Absicht dieser Regelung liegt auf der Hand: Es sind – wie es zutreffend heißt[94] – «the negative impact and consequences of unilateral coercive measures» für die Gesamtbevölkerung der betroffenen Staaten offensichtlich. Derartige Zwangsmaßnahmen kommen einem Kriegsakt gleich, resultieren lediglich aus dem, was *ökonomisch und militärisch möglich,* nicht aber aus dem, was *rechtlich geboten* ist (wobei wir zur Frage, ob diese Sanktionen *moralisch richtig* sind, hier gar nichts sagen).

Der verheerende Terrorangriff der Hamas vom 7. Oktober 2023 gegen israelische Zivilisten lässt viele vom Selbstverteidigungsrecht Israels sprechen. Nun sagt uns aber Artikel 51 der UN-Charta folgendes:

> «Diese Charta beeinträchtigt im Falle eines bewaffneten Angriffs gegen ein Mitglied der Vereinten Nationen keineswegs das naturgegebene Recht zur individuellen oder kollektiven Selbstverteidigung, bis der Sicherheitsrat die zur Wahrung des Weltfriedens und der internationalen Sicherheit erforderlichen Maßnahmen getroffen hat. Maßnahmen, die ein Mitglied in Ausübung dieses Selbstverteidigungsrechts trifft, sind dem Sicherheitsrat sofort anzuzeigen; sie berüh-

94 Siehe https://www.right-docs.org/doc/a-hrc-res-27-21/ (abgerufen am 09.01.2024)

ren in keiner Weise dessen auf dieser Charta beruhende Befugnis und Pflicht, jederzeit die Maßnahmen zu treffen, die er zur Wahrung oder Wiederherstellung des Weltfriedens und der internationalen Sicherheit für erforderlich hält.»

Das daraus resultierende Recht auf Selbstverteidigung besteht nur im Falle eines Angriffs eines anderen Staates; und dies auch nur, bis der UN-Sicherheitsrat über die getroffenen Maßnahmen informiert wurde und Entscheidungen über deren Recht- wie Verhältnismäßigkeit gefallen sind. Nun wissen wir, dass in diesem Fall ein Beschluss durch den UN-Sicherheitsrat ganz unwahrscheinlich ist, aber beachtlich bleibt doch, dass nichtstaatliche Akteure (hier also die Hamas) keine Angriffe im Sinne des Völkerrechts ausführen. Während also der Ukraine dieses Selbstverteidigungsrecht gegenüber Russland zukommt (was von einer Mehrheit der UNO-Mitgliedsstaaten auch anerkannt wurde), kann der Hamas-Angriff keinem souveränen Staat zugeordnet werden und ist ein «bloßer» Terrorakt gewesen; nichts anderes gilt für die Raketen, die vom Gaza-Streifen auf Israel geschossen wurden und werden. Die Nicht-Staatlichkeit des Gaza-Streifens ist trotz der 2005 offiziell beendeten Besatzung durch Israel evident – der Gaza-Streifen steht unter der «effektiven Kontrolle» Israels: Es blockiert und kontrolliert Personen sowie Waren an der Außengrenze, überwacht den Luftraum, patrouilliert in den Küstengewässern und hat seit 2008 mehrere Militäroperationen in Gaza unternommen.

Vor diesem Hintergrund lässt sich mit guten Gründen davon sprechen, dass wir es hier mit einer militärischen Auseinandersetzung in der modernen Form eines Kolonialkonflikts zu tun haben. Dann geht es aber um die Frage, in welchem Ausmaß das Völkerrecht den Gewalteinsatz von Besatzungsmächten gegen die Bevölkerung des besetzten Territoriums erlaubt und es kommt die Frage nach dem Selbstverteidigungsrecht der Palästinenser auf: Dieses «ergibt sich aus dem häufig erst nachträglich anerkannten Recht kolonisierter Völker auf den Kampf um ihre Selbstbestimmung, der mangels eigener Armee nur asymmetrisch geführt werden kann. Dafür, wie das geschieht, gibt es keinen Rechtskodex, wenn man vom Gebot des humanitären Menschenrechts absieht, wonach auch in Kolonialkonflikten alle beteiligten Seiten keine Zivilisten schädigen oder töten dürfen.»[95]
Die Welt hat sich gewandelt – und die Wandlung einer internationalen Friedensordnung in eine Kriegsordnung ist Teil dieser Wandlung. Der Fortschrittsglaube und die Zuversicht, dass alles seinen ruhigen, friedvol-

95 *Sabine Kebir*, Grauzone Selbstverteidigung, in: «der Freitag» Nr. 42 v. 19. Oktober 2023, 8.

len Gang nehmen und Besserung für alle bringen werde, der ist definitiv dahin. Nach dem Zweiten Weltkrieg und während des sog. Kalten Krieges gab es Gelegenheiten und Nischen, in denen es schien, dass wir möglicherweise wieder kontrollierter und optimistischer in die Zukunft blicken könnten und dass der Konflikt zwischen Ost und West, zwischen kapitalistischen Ländern und sozialistischen Regimen nicht durch einen nuklearen Schlag, sondern durch so etwas wie eine fortgeschrittene Synthese gelöst werden könnte, oder dass es durch einen länger währenden Zustand «friedlicher Koexistenz» zumindest zu einer gegenseitigen, positiven politischen und wirtschaftlichen Annäherung und auch damit zu einer *allgemeinen Verbesserung des Lebens der Menschen* kommen könne. In den 1960er-, 1970er- und 1980er-Jahren kam es z. B. immer wieder zu einer Abfolge solcher gesellschaftsrelevanter Dispositive: Im Westen entstanden Konzeptionen wie die des sog. «Dritten Weges» – ausformuliert etwa von *Anthony Giddens* und «umgesetzt» von *New Labour* (Mitte der 1990er-Jahre bis 2010 unter der Führung von *Tony Blair* und *Gordon Brown*), und von *Tariq Ali* angemessen kritisiert[96] –, vermittels derer die Erfahrungen mit der Wohlfahrtspolitik im Westen amalgamiert werden

96 Siehe *Tariq Ali,* The Extreme Centre. A Second Warning (2015), London 2018.

sollten als ein Mittelding aus dem Kapitalismus des freien Marktes und dem «realen Sozialismus» (wie es damals genannt wurde). Es waren dies, aus heutiger Sicht betrachtet, Zeiten, in denen das Wort «Fortschritt» anscheinend fast überall wieder in ganz unschuldiger Weise ausgesprochen werden konnte; die zahlreichen technologischen Fortschritte (der Wettlauf ins All, die erste Entwicklung von Informatik- und Telekommunikationssatelliten, Entdeckungen auf dem Gebiet der Biologie etc.) schienen die Vision einer allmählichen Transformation, die nicht nur möglich, sondern auch tatsächlich näher rückt, zu nähren: Fortschritt schien konkret absehbar, genauer gesagt, man konnte sich auf dem Weg hin zu einer Welt fühlen, die menschlicher, ausgeglichener und lebenswerter und auch informativer ist (Fernsehen und Bildungsexplosion) – es war in gewissem Sinne gleichzeitig die Auferstehung von *Kant:*

> «Das, was wir (früher) als die Sechziger bezeichnet haben, war der Höhepunkt der Moderne. Der Inhalt dieses Moments war die Befreiung des kantischen Individuums von äußeren Hindernissen, die auf der Grundlage der individuellen Freiheit nicht rational verteidigt werden konnte. Das menschliche Individuum, das sich von den Fesseln der selbst auferlegten Unmündigkeit befreit hatte, versuchte nun, aus

> den verschiedenen Käfigen auszubrechen, die nach der Aufklärung errichtet worden waren.»[97]

Plötzlich änderte sich alles: Im letzten Abschnitt des 20. Jahrhunderts kam es zu einem der bedeutendsten Umbrüche (wenn nicht gar dem bedeutsamsten überhaupt) in der Neuzeit, zum Beginn der dritten technologischen Revolution in der Geschichte der Menschheit (nach der Agrarrevolution und der sog. Industriellen Revolution, und der daraus resultierenden Entstehung das Zeitalter der großen Fabriksysteme und der damit verbundenen Arbeitsform, der Massenarbeit); und zusammen mit dieser Veränderung kam es zum (un-)erwarteten Zusammenbruch des Sowjetimperiums und der sozialistischen Regime in Osteuropa. Die beiden Ereignisreihen, beide von unabsehbarer Tragweite, waren viel enger miteinander verbunden, als es im Spiegel zeitgenössischer Chroniken und der frühen, wenig aufschlussreichen historischen Untersuchungen schien.

Fast über Nacht veränderte sich die soziale und politische Landschaft des gesamten Planeten. Und der Technologiesprung – der nach den Maßstäben des 19. Jahrhunderts doch die ultimative Gültigkeit des Fortschrittsgedankens hätte erweisen sollen – löste am Ende eine

97 *Evgenij Dajnov,* Politik und Rock'n'Roll. Wie kamen wir von «Love Me Do» auf Donald Trump? Wien/Hamburg 2023, 378.

neue, noch ernstere Welle der Angst und Verwirrung aus: Er verstärkte, weil er mit unvergleichlich größerer Intensität erfolgte und rasch die Lebenswelt der Erdbevölkerung zu änderte vermochte, just die Kluft zwischen einerseits der Geschwindigkeit der Technologie bzw. der technologischen Entwicklung (Künstliche Intelligenz) und andererseits der Fähigkeit, mit der übrigen Geschichte auf umfassend rationale Weise mitzuhalten. Das war in gewisser Weise immer schon so – man vergleiche nur *Günther Anders'* (1902–1992) Figur des «prometheischen Gefälles», wonach wir ständig der techologischen Entwicklung hinterherhinkten, und es «gibt keinen Zug, der für uns heutige so charakeristisch wäre wie unsere Unfähigkeit, seelisch ‹up to date›, auf dem Laufenden unserer Produktion zu bleiben, also in dem Verwandlungstempo, das wir unseren Produkten selbst mitteilen, auch selbst mitzulaufen und die in die «Gegenwart» genannte Zukunft vorgeschossenen oder uns entlaufenen Geräte einzuholen.»[98]

Die Welt, die aus der Transformation hervorgegangen ist – die Welt, die wir heute teilen – ist zweifellos viel einheitlicher und stärker voneinander abhängig als zuvor, zumindest was die großen städtischen Gebiete

98 *Günther Anders,* Die Antiquiertheit des Menschen. Über die Seele im Zeitalter der zweiten industriellen Revolution, München 1956, 15 f.

auf allen Kontinenten betrifft: globalisiert durch Güter, durch Konsum (einschließlich der Kultur: Musik, Mode, Kommunikation), durch die gemeinsame Nutzung von Technologien und die tendenziell einheitliche Lebensweise, insbesondere bei jungen Menschen. Und die Feinheit (aber auch die pathologische Verkürztheit) und Intensität der Kontakte kommt sicherlich auch Menschen zugute, die sie noch nie zuvor genossen haben und damit sozusagen in die Geschichte eingegangen sind – in China zum Beispiel.

In Hinsicht auf die sozialen Konflikte und Spannungen, die in verschiedenen Ländern und in den internationalen Beziehungen entstanden sind – aus der Sicht der Weltordnung, der menschlichen Fähigkeit, eine zunehmend integrierte und daher fragilere und verletzlichere Realität global zu regieren –, ist die Weltlage gleichzeitig viel einseitiger, fragmentierter und chaotischer geworden.

Der Sieg des Kapitals hat den Planeten geeint. Und doch hat dieser Sieg auch die mühsam erkämpfte Wahrnehmung der Geschichtlichkeit der kapitalistischen Wirtschaftsform vernebelt und beseitigt und lässt sie wieder natürlich und ewig erscheinen (wie das zu Beginn des 19. Jahrhunderts der Fall war), so dass jegliche Tiefe unserer Perspektive entzogen und unser Blick blockiert wird, wie vor einer unüberwindbaren Barriere. Es ist, als ob die kapitalistische Rationalität vollständig und nahtlos mit der menschlichen Rationalität zusammenfallen müsste, in einer scheinbar undurchdringlichen Überlagerung, die Spannungen, Konflikte und unerfüllte Bedürfnisse nach Regierbarkeit und nach realistischen und praktischen Alternativen erzeugt.[99]

Um dieser Situation entgegenzutreten und das Ungleichgewicht zu beseitigen, sind große intellektuelle und politische Anstrengungen erforderlich, ähnlich denen, die der Marxismus und die Reformbewegungen des 19. und 20. Jahrhunderts in Europa und Amerika geleistet haben, und die in der Lage sind, die Auswirkungen dieser Abweichung aufzuheben. Im Ergebnis müssen diese Anstrengungen eine politische und ethische Form der Welt entwerfen, die das Gewicht der technologischen Entwicklung tragen und sie auf unbestimmte Zeit in die Zukunft projizieren kann, jenseits der dicken Hecke, die vor uns verbirgt, was kommen wird.

So etwas ist bisher nicht bzw. nur in versprengten Ansichten und Konzepten geschehen.

Die Trennung der wichtigsten Produktionsstrukturen von ihren alten nationalen Konfigurationen, die in einem einzigen Territorium verrottet sind, die Demateria-

99 Wir haben das in *Nikolaus Dimmel/Alfred J. Noll,* Recht. Kaputt. Eine Ruinenbesichtigung, Wien 2023, bezogen aufs Rechtssystem versucht darzustellen und durchzudeklinieren.

lisierung vieler ihrer Prozesse, das immer enger werdende Netzwerk von Finanzströmen und technologischen Innovationen, und die tägliche Erfahrung der uneingeschränkten Bewegung von Menschen, Kapital und Ideen, diese Kombination dieser Elemente schafft für diejenigen, die sich in der von ihnen selbst erzeugten fluiden, prekären, expansiven, heißen Blase befinden, unerforschte Beziehungen, Einstellungen und Erwartungen; ständig wird gesellschaftlich neu eine Art Entstehungszustand für eine neue Dimension des Lebens erzeugt, in der sich Dynamiken und Möglichkeiten entwickeln, welche wiederum aufeinanderfolgende, kontinuierliche Transformationen vorwegnehmen – und in ihren Effekten kaum abschätzbar sind.

Diese Explosion von Möglichkeiten birgt bisher undenkbare Risiken und Konflikte; sie vervielfacht neue Ungleichheiten im Herzen des Westens, schafft riesige, unvorhergesehene Bereiche der Ausgrenzung und aktiviert Mechanismen der Diskriminierung, von denen wir angenommen haben, dass wir sie für immer hinter uns gelassen hätten – ohne auch nur den Hauch eines Gegenmittels zu bieten (die Hilflosigkeit der europäischen Gewerkschaften in diesem Kontext spricht Bände). Gleichzeitig konnte es von einer Generation zur nächsten für die große Mehrheit der Menschen in anderen Ländern nur eine Verbesserung der unmittelbaren sozialen Bedingungen geben, eine Verbesserung, die sozusagen die individuelle und spezifische Art war, jeweils den Fortschrittsgedanken realisiert zu sehen. Damit wandelt sich heute – insbesondere nach dem Finanzkollaps von 2008 – die Vorstellung vom Fortschritt in eine Überzeugung, die heute nur noch in Teilen der Arbeiterklasse, vielleicht auch in der alten Mittelschicht und sogar in der oberen Mittelschicht verbreitet ist: Wir müssen kämpfen, um nicht endgültig ins Hintertreffen zu geraten, und uns engagieren, um das Erreichte zu verteidigen, das sich jetzt bedroht und ungesichert anfühlt. Das damit verbundene Problem ist offenkundig: Wir verstärken den Impuls, diesen Kampf geschlossen und gemeinschaftlich zu führen, indem wir jeden, der nicht zu unserem eigenen Kreis gehört, als Feind betrachten und die Identität der Kultur und Geschichte eines ganzen Landes mit dem Schutz eines kleinen persönlichen Raums des Selbstbewusstseins verwechseln: Etwas anderes bleibt nicht über um es zu schützen, wenn dies das Einzige ist, was es noch zu schützen gibt. Wenn wir davon überzeugt sind, dass die Aussicht auf eine positive Veränderung nichts anderes ist als eine entfernte Wahrscheinlichkeit, mit der wir realistischerweise im Hier und Heute nicht mehr zu rechnen brauchen, dann bleibt kaum etwas anderes übrig.

Wenn wir zu all dem das immer größere Wissen darüber hinzufügen, welche Schäden am ökologischen

Gleichgewicht des Planeten angerichtet werden können und bereits entstehen[100], wenn Weltpolitik und die Weltwirtschaft nicht sofort davon ausgehen, dass die Erhaltung der Umwelt und der natürlichen Ressourcen ein primärer, nicht verhandelbarer Wert ist, den es nicht durch die generelle Ablehnung von Technologie, sondern einerseits durch die Intensivierung ihrer verständigen Nutzung und andererseits durch ein geplantes *Slow down* (degrowth) der kapitalistischen Warenproduktion[101] zu verteidigen gilt, dann vervollständigen wir damit die Dunkelheit des Porträts auf eine noch beunruhigendere Weise.

Anstelle eines erneuerten Glaubens an den Fortschritt durchdringt heute ein wahres Zukunftssyndrom, Zukunftsangst und ein amorpher Pessimismus unsere Zeit. Die grassierende Unzufriedenheit mit Politik, Kultur und den persönlichen Lebenschancen hat sich in etwas verwandelt, das einem echten Leidenszustand mit Massendimension nahe kommt. Erst jetzt zeigen sich die gesellschaftlichen Leiden und das Leiden an der Gesellschaft in einem über bloße Randgruppen hinausgehenden

100 Bündig zusammengefasst bei *Geoff Mann,* An der Schwelle zum Abgrund, in: «Tagebuch» 11/2023, 14-20.

101 Siehe dazu *Kohei Saito,* Marx in the Anthropocene. Towards the Idea of Degrowth Communism, Cambridge 2022.

Ausmaß.[102] Die Zunahme des Gebrauchs von Psychopharmaka und der Besuch von psychotherapeutischer Behandlung indiziert eine psychische Verelendung breiter Bevölkerungsschichten. Der permanente Schatten einer Bedrohungen, den wir selbst schon als unmittelbar drohend wahrnehmen, macht jede sorgfältige, objektive Bewertung bereits erzielter Ergebnisse zunichte, und noch bevor daran gedacht wird, weiter zu kommen, ist die Reise schon zu Ende. Daraus resultierte für viele eine konsumorientierte Flucht in die von Monetarisierung, Kommerzialisierung und Prekaisierung geprägte Gegenwart – eine alles fressende, ins Unermessliche ausgedehnte Gegenwart, die nichts hinter sich hat und nichts vor ihr zu erkennen vermag; der Konsum allein scheint die einzige Reaktion zu sein, die das soziale und psychische Unbehagen irgendwie beruhigen kann:

> «Das ankerlose, freie Individuum kann kein Glück finden, denn Glück entsteht aus Anerkennung. Und Anerkennung kann nur von anderen Menschen

102 Siehe bloß *Hans Peter Dreitzel,* Die gesellschaftlichen Leiden und das Leiden an der Gesellschaft. Vorstudien zu einer Pathologie des Rollenverhaltens, Stuttgart 1980; *Stéphan Beaud/Pierre Bourdieu/Michel Pialoux,* Spaltung in der Welt der Arbeit. Vom alltäglichen Leiden an der Gesellschaft, Hamburg 1997; *Franz Schultheis/Kristina Schulz* (Hrsg.), Gesellschaft mit beschränkter Haftung. Zumutungen und Leiden im deutschen Alltag, Konstanz 2005.

> kommen; niemand kann sich selbst anerkennen und dadurch Glück finden. In einer Situation der Nicht-Gemeinschaft ist eine solche Anerkennung jedoch nicht nachhaltig. Daher versucht das ankerlose Individuum, den Mangel an echter Anerkennung zu kompensieren, indem es sich hinter Stapeln von Dingen versteckt – indem es konsumiert.»[103]

Und die Politik hilft nicht weiter: Auch sie wurde fast überall auf eine kurzfristige Herausforderung, aufs Tagesgeschäft reduziert; sie ist an Sprache und Ideen verarmt und ständig und eng auf die unmittelbare Akklamation durchs Wahlvolk ausgerichtet; sie ist zu einem Wettbewerb zwischen Anwärtern und Dränglern geworden, die sich im ubiquitären Abwärtstrend nicht nur ähneln, sondern sich zunehmend auch miteinander identifizieren, ohne Pläne, ohne Talente, ohne Weltanschauungen, ohne Perspektiven, die allesamt nicht mehr wollen als den Erwerb oder die reine und einfache Erhaltung von Macht hier und heute – und alles andere lässt man warten.

Wozu dieser lange zeitgeschichtliche Umweg, wenn wir uns doch mit *Kants* Traktat *Zum ewigen Frieden* beschäftigen wollen?

103 *Dajnov,* Politik und Rock'n'Roll, a.a.O., 379.

Die Erklärung ist einfach: Was wir skizziert haben, das ist zum Glück noch nicht alles. Angesichts der Unruhe, die von Tag zu Tag größer wird, wächst das – starke, aber bisher unbefriedigte – Bedürfnis nach programmatischen Alternativen, die unser Leben drastisch neu orientieren würden; viele votieren für einen radikalen Bruch in der Geisteshaltung, der mindestens dem entspricht, was in der Wirtschaft den technologischen Sprung dieser Jahrzehnte markiert hat; manche plädieren für die Rückkehr des dialektischen Denkens, das im Negativen der bestehenden Zustände den positiven Keim der Zukunft zu finden vermag, die uns erwartet. Und es ist klar, dass diese Wende nicht nur dieses oder jenes Land, diese oder jene soziale Gruppe betreffen kann, sondern dass diese Wende nicht weniger global sein darf als es die internationalen Wirtschaftsbeziehungen, die globalen Märkte und die ungebremsten Finanzströme sind.

Wir wissen natürlich immer noch nicht genau, welche Richtung wir einschlagen, welchen Weg wir einschlagen sollen, um unsere Gesellschaften wiederzubeleben, ihnen Energie, Elan und Sicherheit zu verleihen. Gewiss scheint zu sein, dass dies nur gepaart mit dem demokratischen Traum der Moderne erfolgen kann, den das 20. Jahrhundert wie nie zuvor gedanklich und ideologisch universalisieren konnte; und gewiss scheint auch zu sein, dass es dann darum geht,

Gemeinschaften aufzubauen, die diesen Namen, gemessen an einer neuen, gemeinsamen Gleichheit, die mit Unterschieden und der Idee des «Anderen» leben kann und nicht nur mit Individuen, die von Bitterkeit, Angst und gegenseitiger Ausgrenzung beherrscht werden, auch verdienen. Wir beginnen zu erkennen, dass die Zeit eine neue Beziehung zwischen unserer Spezies und dem Planeten, zwischen uns und dem Leben in dieser Ecke des Universums erfordert, und dass wir, um sie aufzubauen, ein Bild der Zukunft und einen Plan für unsere Zivilisation als Ressource zurückerobern müssen, und das wir aufhören sollten, die Zukunft als einen verlorenen Horizont zu betrachten.

Schon diese grobe Skizze zeigt in mehrfacher Hinsicht, dass die Prämissen, die *Kant* seiner Theorie unter den wahrgenommenen Bedingungen des 18. Jahrhunderts zugrundelegte – einmal ganz abgesehen von der philosophisch nicht mehr zu haltenden *unbedingten Trennung von Natur und Geist* – nicht mehr zutreffen; wir bringen hier nur die vorsichtigen Argumente von *Jürgen Habermas,* um diese Behauptung zu illustrieren:

1. Es gibt keine «naturwüchsig friedliche Natur» der Republik, es ist dies nichts anderes als eine Chimäre – demokratische Staaten führen nicht weniger Kriege als autoritäre Regime, mögen sie sich auch «in ihren Bezie-

hungen weniger bellizistisch verhalten»[104]; die Vorstellung, «die Republik» wäre *per se* friedensgeneigt, ist seit jeher mehr oder weniger absurd. Und schon *Thomas Hobbes* hat in seinem Widmungsschreiben zur zweiten Auflage von *De cive* (1647) völlig berechtigt auf den Charakter der römischen Republik hingewiesen: «(W)ar nicht das römische Volk selbst ein reißendes Tier, das sich beinahe über die ganze Welt hergemacht hatte und daher einigen seiner Bürger nach den von ihnen geplünderten Völkern die Beinamen *Africanus, Asiaticus, Macedonis, Achaicus* oder dergleichen gab?»[105]

2. Der Welthandel, der von ihm noch gepriesene «Handelsgeist» hat nicht unbedingt eine vergemeinschaftende Kraft, vielmehr schafft die Konkurrenz der internationalen Monopole Konflikte und (Folge-)Probleme, die der optimistischen Erwartung von *Kant* völlig zuwiderlaufen – «Kant hat nicht vorausgesehen, daß die sozialen Spannungen, die sich im Laufe einer beschleunigten kapitalistischen Industrialisierung zunächst verstärken, die innere Politik mit Klassenkämpfen belasten und die

104 *Jürgen Habermas,* Kants Idee des Ewigen Friedens – aus dem Abstand von 200 Jahren, in: Kritische Justiz 28 (1995), 293-319, hier 298.

105 *Thomas Hobbes,* Vom Bürger – Vom Menschen. Neu übersetzt, mit einer Einleitung und Anmerkungen hrsg. v. L. R. Waas, Hamburg 2017, 3.

äußere Politik in Bahnen eines kriegerischen Imperialismus lenken würden»[106]; und «(n)ichtstaatliche Aktoren wie transnationale Unternehmen und international einflußreiche Privatbanken höhlen die formal zugestandene nationalstaatliche Souveränität aus.»[107]

3. Und die Funktion der politischen Öffentlichkeit trägt nicht zur Kundigkeit und informierten Eigenständigkeit der Einzelnen bei, sondern besorgt in immer höherem Ausmaß das Gegenteil – «Kant rechnete natürlich noch mit der Transparenz einer überschaubaren, literarisch geprägten, Argumenten zugänglichen Öffentlichkeit, die vom Publikum einer vergleichsweise kleinen Schicht gebildeter Bürger getragen wird. Er konnte den Strukturwandel dieser bürgerlichen Öffentlichkeit zu einer von elektronischen Massenmedien beherrschten, semantisch degenerierten, von Bildern und virtuellen Realitäten besetzten Öffentlichkeit nicht voraussehen. Er konnte nicht ahnen, daß dieses Milieu einer ‹sprechenden› Aufklärung sowohl für eine sprachlose Indoktrination wie für eine Täuschung *mit* der Sprache umfunktioniert werden würde.»[108]

106 *Habermas,* Kants Idee des Ewigen Friedens, a.a.O., 298.

107 *Habermas,* Kants Idee des Ewigen Friedens, a.a.O., 299.

108 *Habermas,* Kants Idee des Ewigen Friedens, a.a.O., 300.

Die Welt am Beginn des 21. Jahrhunderts ist eine fragmentierte Welt des Krieges ohne Ende geworden; die Gründe dafür sind zahlreich, und sie konnten natürlich von *Kant* auch noch nicht in Aussicht genommen werden; wiederum nur ganz beispielhaft – und unabhängig von den aktuellen Kriegen zwischen Russland und der Ukraine und der kriegeähnlichen Auseinandersetzung zwischen der Hamas und Israel – sei hingewiesen auf die seit dem 9. September 2001 geänderte Rolle der USA im *Global War on Terrorism* und der deutlich erkennbaren Haltung der USA, alles auf den Krieg zu setzen; auf die zunehmende Bedeutung des militärisch-industriellen Komplexes *(C. Wright Mills)* selbst in Europa; auf die Aufgabe des *Bretton-Woods*-Abkommens Anfang der 1970er-Jahre; auf den mit unabsehbaren Konsequenzen verbundenen Aufstieg Chinas und Indiens etc. All dies hat zu einer globalen Unsicherheitslage geführt, die nicht anders denn als «Krieg ohne Grenzen» oder «Krieg ohne Begrenzung» zu benennen ist. Diese Behauptung rechtfertigt sich mit der Qualifizierung von *Thomas Hobbes,* wonach wir von Krieg nicht nur dann sprechen sollten, wenn es zu aktuellen kriegerischen Auseinandersetzungen mit übermäßig vielen Opfern kommt: Es sei doch offenkundig, so Hobbes, «daß sich die Menschen [und auch die Staaten! AJN], solange sie ohne eine öffentliche Macht sind, die sie alle in Schrecken hält, in jenem Zustand befinden, den man Krieg nennt, und zwar im Krieg eines jeden gegen jeden. Denn *Krieg* besteht nicht nur in Schlachten und Kampfhandlungen, sondern in einem Zeitraum, in dem der Wille zum Kampf hineichend bekannt ist; und deshalb ist der Begriff der *Zeit* als zum Wesen des Krieges gehörend zu betrachten, wie er zum Wesen des Wetters gehört. Denn wie das Wesen schlechten Wetters nicht in ein paar Regenschauern liegt, sondern in einer Neigung dazu über viele Tage, so besteht das Wesen des Kriegs nicht in tatsächlichen Kampfhandlungen, sondern in der bekannten Bereitschaft dazu während der ganzen Zeit, in der es keine Garantie für das Gegenteil gibt. Alle übrige Zeit ist *Frieden.*»[109]

All diese, hier nur beispielhaft angeführten Einwände gegen *Kants* Konzeption regen zu einer Vielzahl von Reformvorschlägen an (insbesondere was die Organisation der UNO betrifft). Wir wollen uns daran nicht beteiligen. Niemand kann bestreiten, dass die von *Kant* vor 230 Jahren aufgeworfenen Probleme auch heute noch bestehen; ebensowenig lässt sich bestreiten, dass die von ihm angebotenen «Lösungen» heute nicht mehr adäquat bzw. in vielerlei Hinsicht unzureichend sind.

109 *Thomas Hobbes,* Leviathan (1651). Aus dem Englischen übertragen v. J. Schlösser. Mit einer Einführung und hrsg. v. H. Klenner, Hamburg 1996, 104 f. (Kap. XIII).

Wir wollen demgegenüber nur ganz schematisch andeuten, worin auch gegenwärtig der Gewinn einer erneuten Lektüre von *Kants* Traktat *Zum ewigen Frieden* bestehen könnte:

1. Für *Immanuel Kant* war klar, dass das Verstehen der Wahrnehmung voraussetzt, das Verstehen selbst in den Griff zu bekommen. Ebenso wäre es *Kant* seltsam erschienen zu glauben, dass wir das Wesen der Ethik oder der metaphysischen Probleme begreifen könnten, ohne zu verstehen, was für ein Wesen der Mensch ist und wie sein Verhältnis zur Welt aussieht. *Kant* nimmt einen betont *kosmopolitischen* Standpunkt ein. In seinen Augen ist die Fähigkeit, den Sinn bestimmter Ereignisse zu erfassen und ihre Entwicklung abzuschätzen, das Ergebnis der einzigen Perspektive, die für das Verständnis der Geschichte angemessen erscheint, nämlich einer eindeutig universalistischen Perspektive. *Kant* trug damit bei zu einem systematischen Geschichtsverständnis als einem rationalen Zusammenhang von Ereignissen. Diese *universalistische, welthistorische Perspektive* erlaubte es *Kant,* die wesentliche Bedeutung aktueller Tendenzen mit verzückter und fast prophetischer Sensibilität zu erfassen. Fast jede Seite des *Ewigen Friedens* ist ein Beleg dafür, wie *Kant* die universelle Interdependenz der Weltgesellschaft schon als eine gewordene Tatsache darstellt, wiewohl wir sie doch – mit Erstaunen! – erst heute den

Tatsachen ablesen und erkennen können. Anders gesagt: *Die universalistische, welthistorische Perspektive ist die einzig adäquate Perspektive der Weltbetrachtung.*

2. Diese universalistische Geschichtsauffassung ermöglicht es, die Kette der Zeit zu durchbrechen und einen Blick in die zukünftige Geschichte der Menschheit zu werfen. Die Logik ist wieder die der Rationalität und der Entdeckung der Spuren dieser Anstrengung in der Realität der Dinge. *Kant* zufolge sei der Friede möglich, weil doch der individuelle Egoismus, «die unvertragsame Selbstsucht der Menschen» durch die Erzwingung gegenseitigen Respekts zum Erbauer immer größerer Gemeinschaften und sogar zum Meister der Tugend werde, bis dann schließlich die Natur aus dem blinden «Mechanismus» mit der Zeit zur gemeinschaftlichen Vernunft werde. Unschwer werden wir uns heute dieser Zuversicht entgegenstellen. Dennoch hat *Domenico Losurdo* (1941–2018) völlig recht: «Die Idee der Ausrottung des Krieges dank der Tatsache, dass ein Verhältnis des gegenseitigen Respekts zwischen unabhängigen, souveränen und gleichberechtigten Staaten allmählich eine juristische Gestalt annimmt, und die Warnung vor einer möglichen Abkehr vom begehrten ewigen Frieden in einer Universalmonarchie, die gleichbedeutend mit schlimmster Willkür ist, all dies ist der Zeit, in der der Philosoph lebt, weit voraus und offenbart sein volles kri-

tisches Potential vielleicht erst heute, da es darum geht, den Unterschied zwischen echten Projekten für einen dauerhaften Frieden und den schlecht getarnten Ambitionen eines planetarischen Dispotismus fest im Auge zu behalten.»[110]

3. Bei *Kant* heißt es sinngemäß: Es sei nun eine Gemeinsamkeit zwischen den Völkern der Erde erreicht, an dem die Verletzung eines Rechts an einem Punkt des Globus in allen empfunden wird. Wir alle sind heute Subjekte der Weltinnenpolitik; mitunter sehr vermittelt, aber prinzipiell nicht mehr davon ausgeschlossen. In *Kants* Traktat *Zum Ewigen Frieden* drückt sich die Zuversicht aus, dass das Ideal eines dauerhaften und beständigen Friedens dereinst auch *tatsächlich* erfüllt, realisiert werden könne. In *Kants* Sinne bedeutet dies nicht ein Aufhören alles Kampfes, vielmehr zielt er auf die «Verdrängung seiner brutal-tierischen Formen durch *Vernuft* und Recht»[111] und er versteht den Einsatz fürs Ideal als eine Aufgabe, der wir aus Vernunftgründen nachzukommen hätten. Es heißt bei ihm, wir seien auf

110 *Losurdo,* Kant, a.a.O., 55.

111 *Karl Vorländer,* Einleitung: Die geschichtliche Entwicklung des Friedensgedankens, in: I. Kant, Zum ewigen Frieden (1913). Mit Ergänzungen aus Kants übrigen Schriften und einer ausführlichen Einleitung, hrsg. v. K. Vorländer, Leipzig 1919, VII-LVI, hier LIV.

dem Weg in eine Zukunft, «in *welcher* die Vernunft allein Gewalt haben soll»[112]. Das freilich würde voraussetzen, «dass alle Staaten – auch die mächtigsten unter ihnen und mit ihnen das Kapital – zur Einsicht kommen: es ist nicht vernünftig, in diesem Zustand des absoluten Rechts eines jeden, der ein absolut gesetzloser Zustand ist, zu bleiben, das Gesetz der Gesetzlosigkeit zu verewigen. Das *ius in omnia, diese absolute Freiheit des ‹To have all & to do all is lawfull for all›* muss aufgegeben werden, wenn Recht, Freiheit und friedliches Zusammenleben global möglich sein sollen, oder kurz: wenn der globalisierte Kapitalismus funktionieren können soll.»[113] Das klingt utopisch. Gleichwohl: Kaum ein anderer als *Kant* hat so sehr die Einsicht mitbegründet: *Es ist aus Gründen der Vernunft richtig, sich für den Frieden einzusetzen und sich gegen den Krieg zu engagieren.*

4. *Kant* ist ein vehementer Kämpfer gegen die Lüge: «Die *Lüge* (‹vom Vater der Lügen, durch den alles Böse in die Welt gekommen ist›) ist der eigentliche faule Fleck in der menschlichen Natur», schreibt er; «so sehr auch zugleich der *Ton* der Wahrhaftigkeit (nach dem Beispiel mancher chinesischer Krämer, die über ihre Laden die Aufschrift mit goldenen Buchstaben setzen: ‹allhier be-

112 *Kant,* Kritik der Urteilskraft, a.a.O., 556.

113 *Tuschling,* Vernunft, Recht, Staat, Völkerrecht, a.a.O., 330.

trügt man nicht›), vornhemlich in dem was das Übersinnliche betrifft, der gewöhnliche Ton ist. – Das Gebot: *du sollst* (und wenn es auch in der frömmsten Absicht wäre) *nicht lügen,* zum Grundsatz in die Philosophie als eine Weisheitslehre innigst aufgenommen, würde allein den ewigen Frieden in ihr nicht nur bewirken, sondern auch in alle Zukunft sichern können.»[114] Nein, das würde es vermutlich nicht. Aber in Zeiten von *Fake News* und einer abgrundtiefen Verkommenheit der politischen Klasse ist die energische Mahnung, dass sich eine auf Vernunft hin ausgerichtete Politik jeglicher Lüge zu enthalten hat, *Kants* unbedingte Maxime: «Du sollst nicht lügen!» immer noch und immer dringlicher eine berechtigte und erinnerungswürdige Mahnung.

5. Angesichts der Vielzahl sich teilweise überlappender und sich wechselseitig beeinflussender Prozesse haben wir oft das Gefühl, dass es an geeigneten Analyseinstrumenten mangelt. Wie sollten wir, was für uns alle sichtbar auf unserem Planeten geschieht, auf einen Begriff bringen können? Oftmals führt dies zu nominalistischen Diskussionen (zum Streit über Wörter), die wenig Auf-

114 *Immanuel Kant,* Verkündigung des nahen Abschlusses eines Traktats zum ewigen Frieden in der Philosophie, in: Werke in sechs Bänden, hrsg. v. W. Weischedl, Bd. VI, Darmstadt 2011, 403-416, hier 415 f.

schluss über den tatsächlichen Gehalt und die reale Gestalt der besprochenen Phänomene geben. Haben wir es mit einem «Regime» zu tun? Ist ein Vergleich mit dem, was in weiten Teilen Europas in der ersten Hälfte des 20. Jahrhunderts geschah, sinnvoll? In den USA und in Europa läuten nicht wenige Alarmglocken über einen neuen «Faschismus» oder doch über die Einführung sog. «illiberaler Demokratien». Will man sinnlose Streitigkeiten vermeiden, dann muss zunächst der Status der Kategorien bestimmt werden, das liegt auf der Hand (hierin ist *Kant* immer noch beispielhaft). Aber jenseits der begrifflichen Auseinandersetzungen geht es im Kern darum, zu verstehen, ob sich mit der Rückkehr des Krieges in einigen größeren und kleineren Ländern eine autoritäre Wende, eine «große Transformation» im repressiven Sinne der politischen Systeme und Machtverhältnisse vollzieht oder nicht. Auch wenn man nicht zum Katastrophismus neigt, lässt sich doch mit guten Gründen zur Überzeugung kommen, dass diese Frage nicht zu verneinen ist. *Kants* Traktat *Zum Ewigen Frieden* entsprang der Zuversicht, wie sie für einen allgemein wahrgenommenen Aufschwung typisch ist. Von Aufschwung im Sinne wachsender Sicherheit und zunehmenden Wohlstands für alle kann heute wahrlich keine Rede sein – aber vielleicht ist es in einer derartigen Zeit nicht die schlechteste Wahl, sich gleich einer kontrafaktischen Unterstellung der Lektüre eines Werkes zu unterziehen, in dem der Autor für sich und alle anderen am Horizont der kommenden Zeit eine günstige Zukunft aufsteigen sah, auch wenn uns der damit einhergehenden optimistische Überschwang endgültig verloren gegangen ist. Lassen wir uns von den idealistischen Illusionen nicht hinreissen, sondern nehmen wir *Kant* beim Nennwert, dann ist es nicht unwahrscheinlich, dass die Lektüre seiner Friedensschrift einen Beitrag leisten kann zu dem, was *Antonio Gramsci* (1891–1937) in Worte fasste, die zwischenzeitig den Rang eines «Klassikers» erworben haben: «(J)eder Zusammenbruch (bringt) intellektuelle und moralische Unordnung mit sich. Man muss nüchterne, geduldige Menschen schaffen, die nicht verzweifeln angesichts der schlimmsten Schrecken und sich nicht an jeder Dummheit begeistern. Pessimismus des Verstandes, Optimismus des Willens.»[115]

In einer Zeit, in der Europa das Jahrhundert der Weltkriege doch hinter sich gelassen hat, erleben wir heute wiederum den Albtraum neuer kriegerischer Auseinandersetzung mit planetaren Auswirkungen. Es scheint schwierig zu sein, die Vorstellung von der Unvermeidlichkeit eines Krieges für unbegründet zu erklären, solange nicht auf internationaler Ebene radikale Veränderungen

115 *Antonio Gramsci,* Gefängnishefte. Bd. 9: Hefte 22 bis 29, hrsg. v. P. Jehle/K. Bochmann/W. F. Haug, Hamburg 1999, 2232.

im wirtschaftlichen, sozialen, politischen und rechtlichen Bereich stattfinden. Zu *Kant* und seinem Projekt des ewigen Friedens tut sich scheinbar ein unüberbrückbarer Graben auf. Trotz der großen Zeitspanne, die uns von *Kant* trennt, und abseits der mit den unterschiedlichen historischen Momenten verbundenen Unterschiede besteht jedoch eine wesentliche Verbindung zu seiner Lehre und zur *Aufklärung* insgesamt: Gewiss ist es heute schwieriger, sich in Illusionen zu wiegen; dennoch bleibt als Grundhaltung bestehen, dass die Analyse der objektiven Ursachen sozialer und internationaler Konflikte und konkrete Maßnahmen zur Anerkennung der Grundrechte eines jeden Menschen unausweichliche Voraussetzungen für die Beseitigung von Gewalt und für die Schaffung eines dauerhaften Friedens sind – «per quanto, almeno, possono durare nel tempo le cose degli uomini»[116] [zumindest solange als die Dinge der Menschen Bestand haben können].

Bei aller Zeitbedingtheit von *Kants* Friedensschrift: In der Auslotung der Bedingungen der Möglichkeit humaner Weltgestaltung ist sie als ein außerordentlich friedens- und geschichtsphilosophisches Dokument zu würdigen. Sie bezeichnet für die Friedensidee den Übergang zu ei-

116 *Alberto Burgio,* Per una storia dell'idea di pace perpetua, in: I. Kant, Per la pace perpetua. Prefazione di S. Veva. Traduzione di R. Bordiga con un saggio di A. Burgio, Milano 1991, 87-131, 115.

nem *positiven* Friedensbegriff, indem sich die Forderung nach allgemeiner Abrüstung mit der Einsicht in die Begründung einer zwischenstaatlichen Friedensordnung als einer vertraglichen Rechtsordnung verbindet. «Dass Christoph Kolumbus sich vorgenommen hatte, ‹auf die Suche des Großkhans› zu gehen, mindert nicht den Wert seiner wirklichen Reise und seiner wirklichen Entdeckung für die europäischen Zivilisation», heißt es in den *Gefängnisheften* von *Gramsci* nüchtern[117]; und nicht anders ergeht es uns mit *Kant*. Insofern ist seine Schrift *Zum ewigen Frieden* bis heute nicht abgegolten. Das gilt umso mehr, als wir in *Kants* Bemühen um eine nicht zufällige, objektive Begründung des Geschichtsprozesses zu einer analogischen Konstruktion wie kategorialen Beziehung zwischen Natur und Frieden gelangen – und mit dieser Annahme einer objektiven Ursache für einen möglichen Frieden verlässt *Kant* bereits den Idealismus des bloßen Sollens. Mit einer gewissen Berechtigung kann *Kant* deshalb als der dem Pazifismus am weitesten verpflichtete Philosoph der Neuzeit gelten, und insofern ist auch heute noch jeder friedensphilosophische Debattenbeitrag an seinem Traktat zu messen. Was uns *Kant* gezeigt hat, das ist eigentlich recht einfach: Die Philosophie *kann* zum Frieden beitragen, wenn sie an eine ihrer größten geschichtlichen Leis-

117 *Gramsci,* Gefängnishefte, a.a.O., 2111.

tungen erinnert und zu ihrer aktuellen Aufgabe macht – *Kritik* zu sein. *Kant* hat damit eine Einsicht auf den Weg gebracht, die heute fast verschüttet ist:

> «Die Kritik des Krieges und des Friedens, also die Prüfung der Möglichkeits- und Notwendigkeitsbedingungen von Krieg und Frieden, ist eine Aufgabe *der* Philosophie, die sich als Wissenschaft und in den Wissenschaften bewährt. Die Kritik des Krieges setzt die Erkenntnisse der politischen Ökonomie, der Rechtswissenschaft, der Politiktheorie, voraus. Aufgabe der Philosophie ist es nicht allein oder in erster Linie, das Wissen der Wissenschaften zu ‹verallgemeinern›, sondern es in der Perspektive der Veränderbarkeit der Welt zu interpretieren [...] Die Kritik des Krieges besteht dann auch in der Kritik des Bewusstseins, Krieg sei möglich, gar notwendig, und Friede könne nicht sein.»[118]

Gewiss droht bei *Kant* der Formalismus des Sittengesetzes gelegentlich in den Fetischismus des bestehenden Rechts überzugehen. Sein Friede verweist ständig auf den gesicherten Rechtszustand und verbietet die Revolution – die doch diesen Zustand notwendig außer Kraft setzen würde. Der *Ewige Friede* kann sich bei konservativer Lesart als erhaltendes Fundament des *status quo*

118 *Hans Jörg Sandkühler*, Für eine Philosophie des Friedens, in: DIALEKTIK 4 (1982), 21-38, 24 f.

erweisen; das lässt sich dann ausgeben als die Konsequenz einer Rechtstheorie, die die Verfassung, einerlei welchen Staates und einerlei welchen Inhalts, für die Ewigkeit bestimmt sieht. Liest man *Kant* auf diese Art, dann sehen wir eine Theorie, die den Widerspruch nicht erträgt, die den metaphysischen Frieden und die Revolutionen/Umwälzungen als unvereinbare Gegensätze trennt, und also undialektisch und damit auch unhistorisch das Ziel denkt ohne Vermittlung. Insofern gilt gewiss, was *Jürgen Habermas* schrieb: Kant entwickelte seine Friedensidee «in den Begriffen des Vernunftrechts und im Erfahrungshorizont seiner Zeit. Beides trennt uns von Kant. Mit dem unverdienten Besserwissen der Nachgeborenen erkennen wir heute, daß die vorgeschlagene Konstruktion an begrifflichen Schwierigkeiten leidet und unseren historischen Erfahrungen nicht angemessen ist.»[119]

Das muss aber nicht so sein: An *Kants* «Friede als Aufgabe» lässt sich ganz unbeschwert anknüpfen; wir können das von *Kant* postulierte Ziel «Es soll kein Krieg sein», aus seiner theoretischen Immobilität befreien und damit Eingang finden lassen in die politische Praxis der Gegenwart.

119 *Habermas*, Kants Idee des Ewigen Friedens, a.a.O., 293.

Im letzten Absatz der *Kritik der reinen Vernunft* stellt *Kant* fest, dass «der *kritische* Weg [...] allein noch offen» stehe, der zu durchwandern sei, damit «dasjenige, was viele Jahrhunderte nicht leisten konnten, noch vor Ablauf des gegenwärtigen erreicht werden möge: nämlich, die menschliche Vernunft in dem, was ihre Wißbegierde jederzeit, bisher aber vergeblich, beschäftigt hat, zur völligen Befriedigung zu bringen.»[120] Gewiss: «Es soll kein Krieg sein», sagt *Kant* und dekliniert diese Forderung als Gebot der moralisch-praktischen Vernunft. Wir werden freilich heute nicht mehr so recht daran glauben können, dass schon die Aneignung einer *kritischen* Philosophie uns zu «völlig einleuchtende(r) Selbsterkenntnis» führt und all «die Verwüstungen abhält»[121], deren Zeugen wir werden. Der Frieden wird nicht allein dadurch erwirkt, «dass die bürgerlichen Friedensapostel auf die Einwirkung schöner Worte lauern», wir können uns vielmehr «auf Worte allein nicht verlassen», mahnte *Rosa Luxemburg* (1871–1919); und deshalb sei «dem Volke klar auseinanderzusetzen, dass der Militarismus mit der Kolonialpolitik, Zollpolitik, Weltpolitik aufs engste verknüpft ist, dass also die heutigen Staaten, wenn sie dem Wettrüsten ernstlich und

120 *Kant,* Kritik der reinen Vernunft, a.a.O., 712.

121 *Kant,* Kritik der reinen Vernunft, a.a.O., 707 f.

aufrichtig Einhalt gebieten wollen, damit anfangen müssten, handelspolitisch abzurüsten, koloniale Raubzüge ebenso wie die Weltpolitik der Interessensphären in allen Weltteilen aufzugeben, mit einem Wort, in der äußeren wie der inneren Politik das direkte Gegenteil von dem tun, was das Wesen der heutigen Politik eines kapitalistischen Klassenstaats ist», schrieb *Luxemburg* im Jahr 1911.[122] Wenn die Akkumulation des Kapitals in der privaten Aneignung des gesellschaftlich erzeugten Reichtums ein Grundübel dieser Weltordnung ist, aus dem heraus Unmenschlichkeit der Verhältnisse, Ausbeutung und Verelendung, Repression und Krieg, Ungleichheit und Ungerechtigkeit entspringen – dann kann nur die Abschaffung der auf den Gesetzen der Akkumulation sich aufbauenden Gesellschaftsordnung dieses Übel beseitigen. Es ist eine – von *Kant* hoffnungsfroh mitbewirkte – Illusion, von einem verbesserten Kapitalismus, einem Kapitalismus «mit menschlichem Antlitz» zu träumen. Für die Menschheit, die in Würde und also in einem guten Leben für alle überleben will, gibt es keinen besseren Kapitalismus, sondern nur das Andere des Kapitalismus.

Gewiss hat sich vieles geändert in der Welt. Wir werden

122 *Rosa Luxemburg*, Friedensutopien (1911), in: Friedensutopien und Hundepolitik. Schriften und Reden. Mit einem Essay v. D. Dath, Ditzingen 2018, 18-35, hier 20 f.

heute manches anders sehen als die schändlich ermordete *Rosa Luxemburg* am Beginn des vorigen Jahrhunderts. Aber bleiben muss, was *Ernst Bloch* (1885–1977) notierte:

> «Die Lanzen werden erst sicher zu Pflugscharen, sobald der Boden, worüber der Pflug geht, allen gehört; keine Stunde früher, keine später. Kapitalistischer Friede ist ein Paradox, das mehr als je Furcht verbreitet und das den Völkern auferlegt, die Sache des Friedens aufs äußerste, aufs angestrengteste zu verteidigen; sozialistischer Friede dagegen ist eine Tautologie.»[123]

Indes wusste *Bloch:* «Der alte Friedenstraum setzt fast noch zwingender als jedes andere Element der Sozialutopie klare Träger und Berichtigung voraus»[124] – und daran mangelt es allenthalben. *Karl Vorländer* (1860–1928), der rührige Herausgeber von *Kants* Friedensschrift, schrieb unmittelbar nach dem Ersten Weltkrieg:

> «(O)bwohl die Logik der Dinge oft auch, ohne daß Menschen sich dessen bewußt werden, die Welt vorwärts treibt, so kann doch keine geschichtliche Bewe-

123 *Ernst Bloch,* Das Prinzip Hoffnung (1959), Ffm. 1970, 1053.

124 *Bloch,* Prinzip Hoffnung, a.a.O., 1052.

gung ohne Massentriebkräfte sich vollziehen. Schon unser Philosoph (sc. Kant) hat eine der wichtigsten Voraussetzungen des ‹Ewigen Friedens› in der bestimmenden Mitwirkung der Nichtbeteiligten, d. h. der *Völker* bei der Entscheidung über Krieg und Frieden gesehen. Und in der Tat: mögen die [...] Friedensgesellschaften und -kongresse, mögen einzelne als Schriftsteller oder Agitatoren noch so wohlmeinend und noch so enthusiastisch sich bemühen, sie werden nichts Sicheres und Dauerhaftes erreichen, wenn der Friedensgedanke nicht in die *Massen* der Völker dringt, und diese Massen, die kein Interesse am Kriege haben, ihren Friedenswillen in eindrucksvoller Weise an den Tag zu legen imstande sind.»[125]

Von *Goethes* Utopie aus dem Jahre 1797 – entstanden kurz nach *Kants* Friedensschrift – sind wir allesamt noch weit entfernt:

Zum ewigen Frieden

Bald, kennt jeder den eigenen Vortheil und gönnet dem andern
Seinen Vortheil, so ist ewiger Friede gemacht.

125 *Vorländer*, Einleitung, a.a.O., LII f.

SCHLUSSBEMERKUNG

Im *Mutmasslichen Anfang der Menschheitsgeschichte* aus dem Jahre 1786 erläutert *Kant:*

> «Man muß gestehen: daß die größten Übel, welche gesittete Völker drücken, uns vom *Kriege,* und zwar nicht so sehr von dem, der wirklich oder gewesen ist, als von der nie nachlassenden und sogar unaufhörlich vermehrten *Zurüstung* zum künftigen, zugezogen werden. Hierzu werden alle Kräfte des Staats, alle Früchte seiner Cultur, die zu einer noch größeren Cultur gebraucht werden könnten, verwandt.»[126]

Die aus Krieg und Kriegsvorbereitung entspringenden Übel zwingen zugleich dazu, «eine vereinigte Gewalt [...] mithin einen weltbürgerlichen Zustand der öffentlichen Staatssicherheit einzuführen»[127]. Der Krieg verschlinge massenhaft Mittel, die der öffentlichen Bildung und Erziehung verlorengehen. So schon *Kant.* Und auch

126 *Immanuel Kant,* Mutmasslicher Anfang der Menschengeschichte (1786), in: Werke in sechs Bänden, hrsg. v. W. Weischedl, Bd. VI, Darmstadt 2011, 83-102, hier 99.

127 *Kant,* Idee zu einer allgemeinen Geschichte, a.a.O., 44.

wenn das gewiss keine empirisch zutreffende Beschreibung heutiger Zustände in den sog. «westlichen Demokratien» ist, so ist es doch nicht mehr als eine bis heute trefflich-polemische Überspitzung der allgemeinen Lage, in der wir uns tatsächlich befinden.

Noch bis vor Kurzem schien eine derartige Einschätzung der Sachlage hypertroph, ja fast paranoid. Der nicht bald endende Krieg in der Ukraine vor unserer Haustür und die damit unmittelbar einhergehenden und für die Zukunft absehbaren Entwicklungen korrigieren unser Weltbild; nicht anders ist es mit den sichtbaren Folgen des Terrors der Hamas an zivilen Israelis und der Vergeltung durch die israelische Armee. *Kant* verurteilt die mit den Kriegen verbundene Barbarei, die Gräuel und das Elend, das sie hervorbringen; er denunziert sie als Ausdruck einer niedrigeren Stufe der historischen Entwicklung, Kriege sind für *Kant* Ausdruck der antagonistischen Natur der vorbürgerlichen Gesellschaft – indes die bürgerliche Gesellschaft, so meinte noch *Kant,* sei in der Lage, die der bisherigen Geschichte eigenen Antagonismen aufzulösen. Damit hat *Kant* sich geirrt – und wer an diesem Irrtum festhält, der befördert mancherlei, aber nicht den Frieden.

Es heißt bei *Kant:* «Das Recht ist [...] der Inbegriff der Bedingungen, unter denen die Willkür des einen mit der Willkür des andern nach einem allgemeinen Gesetze der Freiheit zusammen vereinigt werden kann.»[128] Es ist nicht schwer, dies auf die internationale Staatengemeinschaft zu übertragen. Gesucht wäre dann eine Verbindung der Staaten unter internationalen Zwangsgesetzen, «durch welche jedem das Seine bestimmt und gegen jedes anderen Eingriff gesichert werden kann»[129]. Genau daran ermangelt es aber bis heute:

> «Die menschliche Natur erscheint nirgend weniger liebenswürdig, als im Verhältnisse ganzer Völker gegen einander. Kein Staat ist gegen den andern wegen seiner Selbständigkeit, oder seines Eigentums, einen Augenblick gesichert. Der Wille, einander zu unterjochen, oder an dem Seinen zu schmälern, ist jederzeit da; und die Rüstung zur Verteidigung, die den Frieden oft noch drückender und für die innere Wohlfahrt zerstörender macht, als selbst den Krieg, darf nie nachlassen. Nun ist hierwieder kein anderes Mittel, als ein auf öffentliche mit Macht begleitete Gesetze, denen sich jeder Staat unterwerfen müßte, gegründetes Völkerrecht (nach der Analogie eines bürgerlichen oder Staatsrechts einzelner Menschen) möglich; – denn ein dauernder allgemeiner Friede,

128 *Kant,* Metaphysik der Sitten, a.a.O., 337.

129 *Kant,* Über den Gemeinspruch, a.a.O., 144.

durch die sogenannte *Balance der Mächte in Europa* ist, wie *Swifts* Haus, welches von einem Baumeister so vollkommen nach allen Gesetzen des Gleichgewichts erbauet war, daß, als sich ein Sperling darauf setzte, es sofort einfiel, ein bloßes Hirngespinst.»[130]

Wie aber sollen wir von hier aus weitergehen? Ist der von *Kant* postulierte Vertrag einmal geschlossen (etwa in Form der UN-Charta), ist der Bund besiegelt, ist dann schon alles gut? *Thomas Hobbes* hat doch völlig recht behalten, wenn er zu Beginn des XVII. Kapitels seines *Leviathan* (1651) schrieb, dass sich die Menschen (und auch die Staaten) weitgehend hemmungslos ihren Leidenschaften und Interessen hingeben würden, «when there is no visible Power to keep them in awe», denn «Covenants, without the sword, are but words and of no strength to secure a man at all»[131] – und den Staaten gehts nicht besser, wenn sie den Interessen anderer Staat entgegenstehen. *Jürgen Habermas* hat bei seinen Vorschlägen, *Kants* Konzept eines Weltbürgerrechts zu reformulieren, gemeint:

130 *Kant,* Über den Gemeinspruch, a.a.O., 172.

131 *Thomas Hobbes,* Leviathan. The English and Latin Texts, ed. by N. Malcolm, Oxford 2012, 254.

«Das Weltbürgerrecht muß so institutionalisiert werden, daß es die einzelnen Regierungen bindet. Die Völkergemeinschaft muß ihre Mitglieder unter Androhung von Sanktionen zu rechtmäßigem Verhalten mindestens anhalten können. Erst damit wird sich das instabile, auf wechselseitiger Bedrohung beruhende System sich selbst behauptender souveräner Staaten in eine Föderation mit gemeinsamen Institutionen verwandeln, die staatliche Funktionen übernehmen, nämlich den Verkehr ihrer Mitglieder untereinander rechtlich regeln und die Einhaltung dieser Regeln kontrollieren.»[132]

Das ist im Abstand von etwa 350 Jahren in der Sache nichts anderes als das, was schon *Thomas Hobbes* schrieb.

Die Geschichte der Menschheit zeigt *cum grano salis,* dass bis heute nicht gewusst wird, was die *recta ratio* (die rechte Einsicht) der Menschheit gebietet: Aus dem Naturzustand der Völker, der ein Zustand des permanenten Krieges aller gegen alle ist, herauszugehen, Frieden zu schaffen und in einen Rechtszustand einzutreten, der die Menschheit insgesamt umfasst. Nur solcherart könnte einem jeden Staat das Seine – und allen Menschen das Ihre – bestimmt werden, und zwar so, dass

132 *Habermas,* Kants Idee des Ewigen Friedens, a.a.O., 302.

alle anderen wissen und tun können, was die Vernunft gebietet: jedem das, was ihm zusteht, zukommen zu lassen, nicht Gewalt gegen ihn zu gebrauchen, sondern in einem solchen Frieden miteinander zu leben, der auch dem anderen das sichert, was ihm zusteht, dessen er bedarf. – Kaum jemand hat die Lage, in der wir uns befinden, besser beschrieben als *Burkhard Tuschling* (1937–2012), und wir wollen ihm daher das Schlusswort geben:

> «Es hat sich – so scheint es jedenfalls – seit den Zeiten
> des *Karneades* – prinzipiell nichts Entscheidendes –
> wenn auch technisch sehr vieles radikal – geändert:
> was die Einen für Terror halten, gilt den Anderen
> als ehrenvoller und Gott wohlgefälliger Kampf;
> den Einen gilt ein Täter als Verbrecher gegen die
> Menschheit, den anderen als Held und Märtyrer; die
> einen verwandeln Flugzeuge in mörderisch-selbstmörderische Bomben, die Anderen bomben mit völkerrechtlich geächteten Bomben für die Zivilisation,
> die Menschenrechte und die Freiheit des Volkes, das
> die Bomben mit Tod und Vernichtung treffen. Was
> die Einen wie die Anderen miteinander verbindet:
> beide Seiten wollen immer nur das Gute; was gut
> ist, bestimmen sie ganz allein; sich selbst zu erhalten
> und alle Mittel dafür einzusetzen – auch das der Vernichtung des andern –, ist *ihr* Recht – Menschenrecht.

Und weil sie selbst allein bestimmen, was gut – für sie selbst und die anderen – ist, ist alles recht, ist ihnen alles zu haben und zu tun erlaubt. Was sie selbst tun, ist gut, recht und gerecht, was der andere tut, ist das Böse: es ist deshalb nicht nur erlaubt, es ist Gottes Gebot, das Böse, den Anderen, zu vernichten. Was der Krieg, der die Ausübung dieses Rechts auf alles, der Einsatz aller Mittel gegen den anderen zeigt, ist: dieses Recht – *ihr* Recht, sich selbst angemaßtes Menschenrecht – ist nicht recht, nicht *das* Recht, nicht allgemeingültig und deshalb nicht gerecht: denn es läßt dem Andern nicht das Seine. Recht dagegen ist diejenige Ordnung des Handelns, die allen das Ihre als ihnen allein zukommend, als ihr Mein, bestimmt und sichert.»[133]

Das ist gewiss eine konservative Ansicht. Aber weiß jemand etwas Besseres, um der «unvertragsamen Selbstsucht der Menschen», und hier insbesondere der Herrschenden, entgegenzutreten? Ist es nicht tatsächlich der einzige Weg, voranzukommen, indem wir uns für «die weltbürgerliche Transformation des Naturzustandes

133 *Burkhard Tuschling,* «Was ist Recht?» oder Jurist und Philosoph – sprachlos? In: E. Graul/G. Wolf (Hrsg.), Gedächtnisschrift für Dieter Meurer, Berlin 2002, 557-582, hier 578 f.

zwischen den Staaten in einen Rechtszustand»[134] einsetzen? Gewiss wollen wir mehr. Aber ein darüber hinausgehender Progressismus dürfte gegenwärtig und bis auf weiteres kaum eine reale Basis haben; er müsste sich damit begnügen, dem von vielen ständig herbeigesehnten, herbeigeschriebenen und herbeigeplärrten Gefühl moralischer Überlegenheit durch das Erzählen von Märchen sich akkommodieren zu suchen. Was uns dem Frieden kein Etmal näher bringt.

134 So letztlich die Conclusio von *Habermas,* Kants Idee des Ewigen Friedens, a.a.O., 319.

LITERATUR

Tariq Ali, The Extreme Centre. A Second Warning (2015), London 2018.

Günther Anders, Die Antiquiertheit des Menschen. Über die Seele im Zeitalter der zweiten industriellen Revolution, München 1956.

Werner Bartens/Martin Halter/Rudolf Walther, Letztes Lexikon. Mit einem Essay zur Epoche der Enzyklopädien, Ffm. 2002.

Stéphan Beaud/Pierre Bourdieu/Michel Pialoux, Spaltung in der Welt der Arbeit. Vom alltäglichen Leiden an der Gesellschaft, Hamburg 1997.

Wilhelm Raimund Beyer, Der Reinheitsbegriff bei Kant, in: M. Buhr/T. I. Oiserman (Hrsg.), Revolution der Denkart oder Denkart der Revolution. Beiträge zur Philosophie Immanuel Kants, Berlin 1976.

Norberto Bobbio, Prefazione, in: I. Kant, Per la pace perpetua, a cura di N. Merker, Roma 2003.

Reinhard Brandt, Immanuel Kant: Kritik der reinen Vernunft, in: R. Brandt/Th. Sturm (Hrsg.), Klassische Werke der Philosophie. Von Aristoteles bis Habermas, Leipzig 2002.

Alberto Burgio, Per una storia dell'idea di pace perpetua, in: I. Kant, Per la pace perpetua. Prefazione di S. Veva. Traduzione di R. Bordiga con un saggio di A. Burgio, Milano 1991.

Evgenij Dajnov, Politik und Rock'n'Roll. Wie kamen wir von «Love Me Do» auf Donald Trump? Wien/Hamburg 2023.

Nikolaus Dimmel/Alfred J. Noll, Recht. Kaputt. Eine Ruinenbesichtigung, Wien 2023.

Hans Peter Dreitzel, Die gesellschaftlichen Leiden und das Leiden an der Gesellschaft. Vorstudien zu einer Pathologie des Rollenverhaltens, Stuttgart 1980.

Johann Jakob Engel, Versuch einer Methode, die Vernunftlehre aus Platonischen Dialogen zu entwickeln, Berlin 1780.

Iring Fetscher, Rousseaus politische Philosophie. Zur Geschichte des demokratischen Freiheitsbegriffs (1960), Neuwied am Rhein/Berlin 1968.

Heide Gerstenberger, Markt und Gewalt. Die Funktionsweise des historischen Kapitalismus, Münster 2017.

Antonio Gramsci, Gefängnishefte. Bd. 9: Hefte 22 bis 29, hrsg. v. P. Jehle/K. Bochmann/W. F. Haug, Hamburg 1999.

Kuno Fischer, Gottfried Wilhelm Leibniz. Leben, Werk und Lehre (1920), hrsg. v. Th. S. Hoffmann, Wiesbaden 2009.

Jürgen Habermas, Kants Idee des Ewigen Friedens – aus dem Abstand von 200 Jahren, in: Kritische Justiz 28 (1995).

Johann Georg Hamann, Sibyllinische Blätter des Magus in Norden. Nebst mehreren Beilagen hrsg. v. F. Cramer, Leipzig 1819.

Georg Wilhelm Friedrich Hegel, Enzyklopädie der philosophischen Wissenschaften im Grundrisse. Erster Teil: Die Wissenschaft der Logik. Mit den mündlichen Zusätzen (1830), Werke, Bd. 8, Ffm. 1970.

Heinrich Heine, Zur Geschichte der Religion und Philosophie in Deutschland (1833/34), hrsg. und eingel. v. W. Harich, Ffm. 1966.

Dieter Henrich, Grundlegung aus dem Ich. Untersuchungen zur Vorgeschichte des Idealismus. Tübingen – Jena 1790–1794, Ffm. 2004.

Johann Gottfried Herder, Briefe zu Beförderung der Humanität (Schluß), in: Sämmtliche Werke. Zur Philosophie und Geschichte. Erster Theil, Karlsruhe 1820.

Johann Gottfried Herder, Metakritik zur Kritik der reinen Vernunft (1799), hrsg. und eingel. v. F. Bassenge, Berlin 1955.

Thomas Hobbes, Behemoth oder Das Lange Parlament. Übersetzt, mit einer Einleitung und Anmerkungen, hrsg. v. P. Schröder, Hamburg 2015.

Thomas Hobbes, Leviathan (1651). Aus dem Englischen übertragen v. J. Schlösser. Mit einer Einführung und hrsg. v. H. Klenner, Hamburg 1996.

Thomas Hobbes, Leviathan. The English and Latin Texts, ed. by N. Malcolm, Oxford 2012.

Thomas Hobbes, Vom Bürger – Vom Menschen. Neu übersetzt, mit einer Einleitung und Anmerkungen hrsg. v. L. R. Waas, Hamburg 2017.

Friedrich Heinrich Jacobi, Von den Göttlichen Dingen und ihrer Offenbarung, Leipzig 1811.

Immanuel Kant, Die Metaphysik der Sitten (1797), in: Werke in sechs Bänden, hrsg. v. W. Weischedl, Bd. IV, Darmstadt 2011.

Immanuel Kant, Idee zu einer allgemeinen Geschichte in weltbürgerlicher Absicht, in: Werke in sechs Bänden, hrsg. v. W. Weischedl, Bd. VI, Darmstadt 2011.

Immanuel Kant, Kritik der reinen Vernunft (1781), in: Werke in sechs Bänden, hrsg. v. W. Weischedl, Bd. II, Darmstadt 2011.

Immanuel Kant, Kritik der Urteilskraft (1790), in: Werke in sechs Bänden, hrsg. v. W. Weischedl, Bd. V, Darmstadt 2011.

Immanuel Kant, Mutmasslicher Anfang der Menschengeschichte (1786), in: Werke in sechs Bänden, hrsg. v. W. Weischedl, Bd. VI, Darmstadt 2011.

Immanuel Kant, Recensionen von J. G. Herders Ideen zur Philosophie der Geschichte der Menschheit, in: Kant's gesammelte Schriften, hrsg. v. der Königlich-Preußischen Akademie der Wissenschaften. 1. Abt., Bd. VIII, Berlin 1912.

Immanuel Kant, Über die von der Königl. Akademie der Wissenschaften zu Berlin für das Jahr 1791 ausgesetzte Preisfrage: Welches sind die wirklichen Fortschritte, die die Metaphysik seit Leibnizens und Wolffs Zeiten in Deutschland gemacht hat? In: Werke in sechs Bänden, hrsg. v. W. Weischedl, Bd. V, Darmstadt 2011.

Immanuel Kant, Über den Gemeinspruch: Das mag in der Theorie richtig sein, taugt aber nicht für die Praxis, in: Werke in sechs Bänden, hrsg. v. W. Weischedl, Bd. VI, Darmstadt 2011.

Immanuel Kant, Verkündigung des nahen Abschlusses eines Traktats zum ewigen Frieden in der Philosophie, in: Werke in sechs Bänden, hrsg. v. W. Weischedl, Bd. VI, Darmstadt 2011.

Immanuel Kant, Zum ewigen Frieden. Ein philosophischer Entwurf (1795), in: Werke in sechs Bänden, hrsg. v. W. Weischedl, Bd. VI, Darmstadt 2011.

Sabine Kebir, Grauzone Selbstverteidigung, in: «der Freitag» Nr. 42 v. 19. Oktober 2023.

Pauline Kleingeld, Kants Argumente für den Völkerbund, in: H. Nagl-Docekal/R. Langthaler (Hrsg.), Recht – Geschichte – Religion. Die Bedeutung Kants für die Gegenwart, Berlin 2004.

Hermann Klenner, Pax Kantiana versus Pax Americana, in: Sitzungsberichte der Leibniz-Sozietät, Bd. 69 (2004).

Hermann Klenner, Zur Theorie/Praxis-Relation in Kants Rechtsphilosophie, in: H. Bleiber/W. Schmidt (Hrsg.), Demokratie, Antifaschismus und Sozialismus in der deutschen Geschichte, Berlin 1988.

Hans Jürgen Krysmanski, Friedensforschung und die Möglichkeit eines positiven Friedensbegriffs, in: Soziale Welt 20 (1969).

Hans Jürgen Krysmanski, Soziologie und Frieden. Grundsätzliche Einführung in ein aktuelles Thema, Opladen 1993.

Rosa Luxemburg, Friedensutopien (1911), in: Friedensutopien und Hundepolitik. Schriften und Reden. Mit einem Essay v. D. Dath, Ditzingen 2018.

Michael Mann, On Wars, New Haven/London 2023.

Alfred J. Noll, Es gibt kein Völkerrecht. Thomas Hobbes über die Natur internationaler Beziehungen. Eine Rückerinnerung, in: «International» III/2022.

Johann Caspar Lavater, Philosophische Unterhaltungen, Zürich 1791.

Domenico Losurdo, Kant, die Französische Revolution und der «ewige Frieden», in: Eine Welt ohne Krieg. Die Friedensidee von den Verheißungen der Vergangenheit bis zu den Tragödien der Gegenwart (2016), dt. v. Chr. Buchinger, Köln 2022.

Geoff Mann, An der Schwelle zum Abgrund, in: «Tagebuch» 11/2023.

Karl Marx, Das philosophische Manifest der historischen Rechtsschule, in: MEGA² I/1.

Karl Marx/Friedrich Engels, Deutsche Ideologie. Manuskripte und Drucke, MEGA² I/5.

Nicolao Merker, Die Aufklärung in Deutschland (1968). Dt. v. D. Doucet-Rosenstein, München 1982.

Jean-Jacques Rousseau, Jugement sur le projet de paix perpétuelle, in: Œuvres complètes III: Du contrat social – Écrits politiques (Bibliothèque de la Pléiade), Paris 1964.

Hans Jörg Sandkühler, Für eine Philosophie des Friedens, in: DIALEKTIK 4 (1982).

Kohei Saito, Marx in the Anthropocene. Towards the Idea of Degrowth Communism, Cambridge 2022.

Franz Schultheis/Kristina Schulz (Hrsg.), Gesellschaft mit beschränkter Haftung. Zumutungen und Leiden im deutschen Alltag, Konstanz 2005.

Johann Nicolaus Tetens, Philosophische Versuche über die menschliche Natur und ihre Entwicklung, Bd. 1, Leipzig 1777, XVI-XVIII.

Burkhard Tuschling, Vernunft, Recht, Staat, Völkerrecht. Resultate des philosophischen Produktionsprozesses bei Hobbes, Kant, Hegel, in: S. Doyé/M. Heinz/U. Rameil (Hrsg.), Metaphysik und Kritik. Festschrift für Manfred Baum zum 65. Geburtstag, Berlin/New York 2004.

Burkhard Tuschling, Von der Revision zur Revolutionierung und Selbst-Aufhebung des Systems des transzendentalen Idealismus in Opus postumum, in: H. F. Fulda/J. Stolzenberg (Hrsg.), Architektonik und System in der Philosophie Kants, Hamburg 2001.

Burkhard Tuschling, «Was ist Recht?» oder Jurist und Philosoph – sprachlos? In: E. Graul/G. Wolf (Hrsg.), Gedächtnisschrift für Dieter Meurer, Berlin 2002.

Karl Vorländer, Einleitung: Die geschichtliche Entwicklung des Friedensgedankens, in: I. Kant, Zum ewigen Frieden (1913). Mit Ergänzungen aus Kants übrigen Schriften und einer ausführlichen Einleitung, hrsg. v. K. Vorländer, Leipzig 1919.

Siegfried Wollgast, Aspekte des Friedensdenkens im 16. und 17. Jahrhundert in Deutschland, in: Vergessene und Verkannte. Zur Philosophie und Geistesentwicklung in Deutschland zwischen Reformation und Frühaufklärung, Berlin 1993.

ALFRED J. NOLL ist Rechtsanwalt und Universitätsprofessor für Öffentliches Recht und Rechtslehre in Wien.